sobinfluenciaedições

o partido de kafka

il partito di kafka

MARCELLO TARÌ

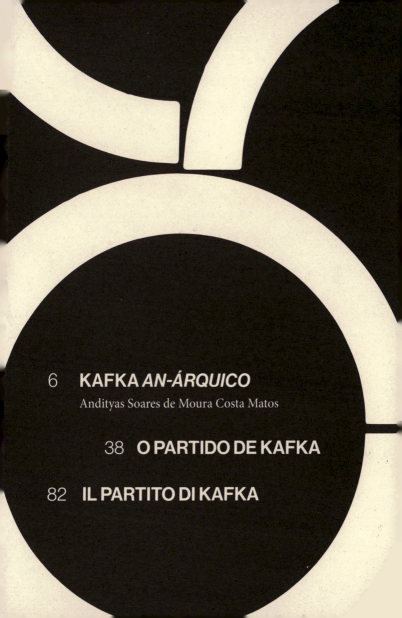

6 **KAFKA *AN-ÁRQUICO***
Andityas Soares de Moura Costa Matos

38 **O PARTIDO DE KAFKA**

82 **IL PARTITO DI KAFKA**

KAFKA *AN-ÁRQUICO*

Andityas Soares de Moura Costa Matos

CONTEXTOS DO TEXTO: TEMPO DE *AN-ARQUIA*

O texto italiano *Il partito di Kafka* foi escrito por Marcelo Tarì entre 2018 e 2019[1] e originalmente publicado nas páginas 83 a 105 do primeiro número de 2020 da revista *Pólemos: materiali di filosofia e critica sociale*, editada pelo Departamento de Filosofia da Universidade *La Sapienza* de Roma. O artigo compõe um dossiê especial organizado por Valeria Bonacci e Flavio Luzi dedicado ao pensamento de Giorgio Agamben e intitulado *Il gesto che resta. Agamben contemporaneo*. Pode-se dizer que a contribuição de Tarì se ajusta muito bem à proposta do dossiê, dado que desenvolve algumas intuições especialmente críticas do grande filósofo italiano sem adotar nenhuma posição servil, simplificadora ou professoral. De fato, são fundamentais para o entendimento do texto as noções de forma-de-vida, profanação e arqueologia, ideias positivas e afirmativas de Agamben que, infelizmente, são bem menos conhecidas do que aquelas de feição negativa que,

---

[1] Conforme comunicação por e-mail de 16 de outubro de 2022.

como vida nua e estado de exceção, acabaram se ligando de forma simplista à produção do filósofo.

A proposta de Tarì, como costuma acontecer com aquelas inspiradas por Agamben, está no limiar entre a simplicidade e a profundidade, pois pretende, com base em um pequeno conto de Kafka de 1920 – *Zur Frage der Gesetze* (*A questão das leis*) – nos apresentar uma verdadeira arqueologia da lei e do poder, indicando a natureza ilusória da primeira enquanto entidade ou coisa, dado que as leis só existem enquanto produzem efeitos, ou seja, trata-se muito mais de um *fazer* e não de uma *essência*, diferentemente do que pensam os juristas e os políticos da maneira mais acrítica que se possa imaginar. Todavia, a crítica à lei que Tarì apresenta não é mais do que uma preparação para a sua destituição do poder, lido a partir de Reiner Schürmann enquanto uma dimensão anárquica, ou seja, privada de fundamento e, na verdade, vazia.

Com efeito, em seu belo e intrincado estudo *O princípio da anarquia: Heidegger e a questão do agir*,[2] depois de um longo percurso pela história da metafísica – e, portanto, da linguagem e das formas de pensar, ser e sentir do Ocidente –, Schürmann nos revela que o poder se funda em um nada, ou melhor, na ilusão daqueles que, como os "nobres" do conto de Kafka, nos impõem

---

[2] SCHÜRMANN, Reiner. *Le principe d'anarchie*: Heidegger et la question de l'agir. Paris: Seuil, 1982.

sua terrível carga como se fosse uma realidade. Schürmann começa por esclarecer que o intuito de seu livro consiste em repensar a questão entre teoria e prática sem colocá-la nos termos tradicionais, mas sem também esquecer que, de fato, o agir depende do ser, como resumiram os medievais na sentença *agire sequitur esse*. Tal foi inclusive reconhecido por Gilles Deleuze e Félix Guattari quando, diante das críticas de que a filosofia de ambos, de matriz ontológica, não teria uma valência política, afirmaram que o próprio ser, objeto privilegiado da ontologia, é imediatamente político, dado que "antes do ser, há a política".[3]

Pois bem, Schürmann afirma que an-árquico é o atuar que não deriva da *theoría*, tratando-se de um agir desprovido de *arkhé*, configuração existencial que só pôde ser descoberta – mas não tematizada – por Heidegger na época de clausura da metafísica, ou seja, no tempo histórico – que é o nosso – em que os fundamentos habituais do ser – a cidade perfeita dos renascentistas, o reino celeste de Agostinho, a razão de Descartes, o consenso pragmático transcendental de Apel etc. – se revelaram enquanto meros esquemas atributivo-participativos sem conteúdo, não se tratando, como pretendia

---

[3] DELEUZE, Gilles; GUATARRI, Félix. *Mil platôs*: capitalismo e esquizofrenia. Vol. 3. Trad. Aurélio Guerra Neto *et al.* Rio de Janeiro: 34, 1996, p. 78.

a tradição, de princípios gerais e universais, mas meros princípios epocais e locais.

A partir dessa compreensão surge uma tarefa propriamente genealógica, levada a efeito tanto por Heidegger quanto por Schürmann, e que consiste na exposição e no desvelamento desses princípios epocais desde a aurora grega até à noite dos tempos em que, por meio da técnica, surge a possibilidade de reconhecer a dimensão anárquica da existência. Para Heidegger, tal envolve compreender a técnica como uma violência ordenada, consequência de decisões que vêm desde os gregos e a violência que impuseram à linguagem, e que hoje se traduz na supremacia tecnológica que ameaça destruir todo o planeta.

Todavia, entendo que a tarefa heideggeriana permanece incompleta, dado que à inevitável e negativa *pars destruens* com que Heidegger criticou e desconstruiu muitos dos mitologemas ocidentais não se seguiu a necessária e positiva *pars construens*, o que não significa que ele não nos tenha legado algumas preciosas intuições sobre essa dimensão, como ensina Schürmann. Com efeito, ao perceber que a primeira e principal violência é a da palavra, que força os entes a coincidir com os *conceitos – Begriff* em alemão, que vem do verbo *greifen*, o qual significa, como o *capere* latino, "capturar" – e estes a se organizarem em uma *gramática* mediante uma *lógica* que deriva de uma *metafísica*,[4] o último Heidegger nos diz que devemos deixar espaço livre às palavras, de modo que a solução não está em imaginar e praticar outras violências linguísticas-conceituais-técnicas, e sim no deixar-ser (*lassen*), na serenidade. Para tanto, é preciso abandonar a teleocracia, ou seja, a ditadura da finalidade, e deixar o campo livre às coisas, o que, segundo entendo, pode-se traduzir com mais radicalidade nas ideias de caráter destrutivo de Benjamin e na de fim do juízo/culpa propugnado por Artaud e Deleuze, que assumem a "inocência" de todas as coisas e sua ausência de fundamento ou finalidade, como bem se expressou mestre Eckhart – também largamente estudado por Schürmann[5] – ao nos dizer que "a rosa é sem porquê, ela simplesmente floresce", dimensão vivente e potente para além da qual já não se pode pensar, mas somente viver. Dessa maneira, deixando que as coisas, e não os produtos meramente úteis, possam vir à presença, abre-se a possibilidade de uma

---

[4] De fato, em um estudo fundamental intitulado *Categorias de língua e categorias de pensamento*, Benveniste demonstrou como as categorias de Aristóteles, tidas como as bases universais de *qualquer* pensamento, não são mais do que ideias derivadas das particulares estruturas da língua grega. Cf. BENVENISTE, Émile. *Problemas de linguística geral I*. Trad. Maria da Glória Novak e Maria Luiza Neri. São Paulo: Pontes/Universidade Estadual de Campinas, pp. 68-80, 1998.

[5] SCHÜRMANN, Reiner. *Maestro Eckhart o la gioia errante*. Trad. M. Sampaolo. Roma: Laterza, 2008.

aproximação em relação a outra origem, dessa vez não principial nem hierárquica, na qual a lei esteja desativada e o poder abandonado, passando assim da violência técnico-linguística a uma contingência radical que indico com o nome de an-arquia.

ARQUEOLOGIA E FORMAS-DE-VIDA

Todavia, e aqui retomo de forma mais direta o texto de Tarì, só se pode chegar à conclusão de que a lei e o poder se fundam em um nada – algo que, curiosamente, tanto Carl Schmitt quanto Hans Kelsen, cada qual a seu modo problemático, já haviam intuído, mas não desenvolvido e muito menos tirado de tal intuição as suas consequências necessárias[6] – após um rigoroso trabalho arqueológico, o qual vem sendo efetivado por aquilo que chamo de filosofia radical desde o início do século passado, destacando-se em tal tarefa os nomes de Benjamin, Foucault, Deleuze e Agamben, todos citados por Tarì em seu texto, cujo eixo central está na noção de forma-de-vida.

A arqueologia, ensina Agamben, consiste em um tipo de pensamento analógico que, indo do singular ao singular – e não do geral ao particular (dedução) ou do particular ao geral (indução), que parecem ser os únicos

[6] Cf. MATOS, Andityas Soares de Moura Costa. ΝΟΜΟΣ ΠΑΝΤΟΚΡΑΤΩΡ ? apocalipse, exceção, violência. In: *Revista Brasileira de Estudos Políticos*, n. 105, pp. 277-342, 2012.

estilos de pensar aceitos pela ciência e a filosofia oficiais –, busca encontrar a origem, ou seja, o "ponto de insurgência" de certo fenômeno político, social, artístico, econômico etc. A arqueologia, tal como proposta por Giorgio Agamben, tem por objetivo desvelar as permanências de ideias e práticas historicamente encobertas que, de modo semelhante aos fósseis, determinam as experiências atuais de maneira subterrânea, mas decisiva, por mais que sejam percebidas como eventos passados e superados. Nesse sentido, a violência está presente arqueologicamente nas leis assim como a suposta língua indo-europeia está presente no grego, no sânscrito e no português atual, do mesmo modo que as radiações originárias do *big bang* de 14,8 bilhões de anos atrás permanecem até hoje no universo, podendo ser captadas pelos astrofísicos.[7] Bem se vê, portanto, que a origem visada pelo método arqueológico não tem sentido cronológico, tratando-se antes da origem enquanto constante presença de uma *pré-história* encoberta no presente.

Lançando mão da arqueologia filosófica, Tarì expõe a vacuidade e a anarquia – que ele chama de infernal – do poder, a qual nada tem a ver com a *an-arquia* ontológica que faz o papel de (des)fundamento, tornando possível as

---

[7] AGAMBEN, Giorgio. Arqueología filosófica. In: AGAMBEN, Giorgio. *Signatura rerum*: sobre el método. Trad. Flavia Costa y Mercedes Ruvituso. Barcelona: Anagrama, pp. 109-150, 2010.

formas-de-vida. Sim, porque a anarquia se diz de muitos modos, poderíamos sustentar parafraseando Aristóteles. Há uma anarquia do poder, conforme reconhecem com crueldade os tetrarcas da Salò de Pasolini, e há uma *an--arquia* vivente, potente, singular e comum que se traduz na recusa de qualquer *arkhé*, ou seja, de todo *comando* e *princípio*, esses dois sentidos que a palavra grega carrega consigo e que precisam ser simultaneamente desativados.[8] Ocorre que tal an-arquia vivente, como discuti em meu mais recente livro,[9] acaba sendo capturada pelos "nobres" e, envolvida em mil véus, argumentos e sentenças, se corrompe, transformando-se na anarquia do poder, sempre velada e mistificada, contando para tanto com vários dispositivos, entre os quais um dos mais importantes reside na dúbia ideia de sujeito.

Retomando criticamente Foucault para dar o passo à frente que o filósofo francês não ousou, e usando o instrumental teórico de Deleuze, de Agamben e do Comitê Invisível, Marcello Tarì não se limita a afirmar a obviedade segundo a qual os sujeitos são não apenas produtores de poder, sendo eles próprios produtos do poder,

[8] AGAMBEN, Giorgio. *Che cos'è un comando?* Milano: Nottetempo, 2020.

[9] MATOS, Andityas Soares de Moura Costa. *A an-arquia que vem*: fragmentos de um dicionário de política radical. São Paulo: sobinfluencia edições, 2022.

sustentando ainda que tal configuração é apenas epocal, não correspondendo a um destino ontológico inevitável dos seres humanos. Em outras palavras, Tarì acredita que somos capazes de abandonar – ou melhor, destituir – a posição de sujeitos, o que pode se dar mediante uma série de exercícios e práticas de si que conformam as formas-de-vida, quer dizer, vidas que, ao contrário da vida nua sempre produzida pelos mecanismos exclusivos-inclusivos da máquina antropológica – entre os quais se destacam o direito e a propriedade –, são inseparáveis de suas formas, daí porque se grafe a expressão com hifens.

Para pensar e experimentar o que seria uma vida inseparável de sua forma, é preciso abandonar toda a metafísica ocidental que nos ensina que somos coisas ou entes e compreender que nada somos, sempre *estamos sendo*, ou seja, muito mais do que o ser, importa o *modo* como aparecemos no mundo, razão pela qual Agamben, ao final do monumental projeto *homo sacer*, nos propõe uma ontologia modal[10] que deve muitíssimo ao panteísmo de Spinoza, para quem tudo que existe são modos da mesma substância, que Deleuze chama de "feliz anarquia dos seres"[11] e o holandês codifica na fulgurante

[10] AGAMBEN, Giorgio. *L'uso dei corpi*. Vicenza: Neri Pozza, 2014.

[11] DELEUZE, Gilles. Les plages d'immanence. In: CAZENAVE, Annie; LYOTARD, Jean-François (eds.). *L'art des confins*: mélanges offerts à Maurice de Gandillac. Paris: Presses Universitaires de France, 1985, p. 79.

sentença *Deus sive natura*. Evidentemente, em um texto tão curto como o de Tarì, não há espaço para que ele se debruce sobre exemplos reais, concretos e práticos do que podem ser as formas-de-vida, motivo pelo qual remeto o leitor interessado à obra que o tornou conhecido no Brasil, *Um piano nas barricadas*, livro no qual Tarì acompanha o surgimento, o desenvolvimento e a dura repressão das inúmeras formas-de-vida que integraram a chamada autonomia italiana nos anos setenta.[12]

KAFKA CONTRA A REPRESENTAÇÃO

Feitos esses esclarecimentos sobre o texto de Tarì e o contexto filosófico ao qual ele pertence, resta-me, para conferir certa originalidade a este prefácio, trazer algumas referências à complexa relação entre a lei, o direito e Kafka. Nesse sentido, se a lei para Kafka é o signo da dominação, cumpre desativá-la de alguma forma, e para tanto Tarì apresenta duas táticas referidas no conto já citado: aquela do "pequeno partido", que consiste em negar que as leis de fato existem, e aquela da "maioria do povo", que indica a necessidade de conhecer e estudar as leis para delas se apropriar. Todavia, nenhuma dessas táticas é suficiente, pois não questionam o próprio ser

[12] TARÌ, Marcello. *Um piano nas barricadas*: por uma história da autonomia (Itália, 1970). Trad. Edições antipáticas. São Paulo: GLAC/n-1 edições, 2019.

da lei, ou seja, não desvelam a sua anarquia constitutiva, e é nesse ponto que Tarì propõe, sempre com base em Kafka, um terceiro movimento, dessa vez de caráter estratégico, que é exatamente a destituição.

Sobre a destituição em geral, deixo que o próprio Tarì disserte no texto a seguir, eis que aqui quero me referir a um aspecto específico do pensamento de Kafka dedicado à crítica do direito, que não se limita unicamente à denúncia da lei, mas se volta também contra a representação. Mais do que um dos maiores comunistas de todos os tempos, como Tarì corretamente o classifica, Kafka é também, conforme entendo, um dos mais importantes pensadores da an-arquia, já que ele não apenas identifica o vazio da máquina do poder, mas também denuncia a sua principal estratégia que, afinal de contas, torna possível que o povo se identifique com os nobres. Trata-se da representação política, tematizada de maneira bastante irônica na obra de Kafka.

Se quisermos compreender o sentido do poder representativo nos escritos kafkianos, é preciso lê-los para além da interpretação convencional que neles encontra apenas a expressão cifrada da alienação do ser humano. Walter Benjamin, por exemplo, vê em Kafka a situação de uma escritura que, convertida em gesto, já nada significa. É como se o mundo fosse um texto que não podemos decifrar ou do qual perdemos a chave.

Em uma carta destinada a Scholem, Benjamin declara que as duas situações se equivalem, pois uma escritura sem a chave que lhe corresponda, não é escritura, apenas vida.[13] Trata-se de um problema similar ao da possibilidade de transmissão da tradição – e não da lei, que para Benjamin conforma uma questão secundária no mundo de Kafka – em cenários nos quais somente a sua forma subsiste, convertendo-se em uma estrutura que constantemente atrasa o Messias. Nessa perspectiva, se Benjamin pôde, apoiado no breve conto kafkiano dedicado ao Dr. Bucéfalo – cavalo de Alexandre Magno hoje convertido em advogado –, afirmar que o direito estudado e não praticado é a porta da justiça, ele acaba, no entanto, por reconhecer a impossibilidade de Kafka ligar esse estudo às promessas contidas no encontro entre a lei (simbolizada pela Torá) e a tradição.[14] Daí porque a "épica kafkiana" volta a ter o significado que muitas ve-

[13] BENJAMIN, Walter. Brief an Gerhard Scholem, 11. August 1934. In: BENJAMIN, Walter. *Briefe*. Band I. Herausgegeben und mit Anmerkungen versehen von Gershom Scholem und Theodor W. Adorno. Frankfurt-am-Main: Suhrkamp, pp. 617-619, 1978, p. 618.

[14] BENJAMIN, Walter. Franz Kafka: Zur zehnten Wiederkehr seines Todestages. In: BENJAMIN, Walter. Band II. Unter Mitwirkung von Theodor W. Adorno und Gershom Scholem. Herausgegeben von Rolf Tiedemann und Hermann Schweppenhäuser. Frankfurt-am-Main: Suhrkamp, pp. 409-438, 1991, p. 437.

zes teve na boca de Sheherazade: postergar o porvenir.[15] Aqui está um elemento importante, como veremos.

Em muitos de seus contos, Kafka se refere de maneira obsessiva a algumas figuras que giram em torno da ideia de um poder distante, mas perigosa e contraditoriamente onipresente, agindo como uma ameaça que, desincorporada à semelhança de um *mana* pós-moderno, graças a sua própria ausência determina, limitando-o, o miserável horizonte de sentido da vida política dos seres humanos. Pululam nas páginas de Kafka soberanos inalcançáveis, às vezes vistos ao longe nas torres de seus castelos sitiados por bárbaros, assim como fronteiras longínquas e nunca bem definidas – mas sempre anunciadoras de uma guerra que parece estar fora do tempo –, tudo isso sob a incômoda e ameaçadora suposição da existência de leis inacessíveis cujo poder está exatamente na separação de qualquer substância normativa minimamente socializada, o que garante a preeminência de grupos governantes formados por aristocratas fechados em um autismo desconcertante.

Para exemplificar esses três aspectos da distância em Kafka – 1) soberanos ausentes apenas evocados por aristocratas insensibilizados ou funcionários subalternos abusivos; 2) fronteiras incertas; e 3) leis que apenas con-

---

[15] BENJAMIN, Franz Kafka, p. 427.

firmam o poder sem realmente controlá-lo –, dimensão que integra sua muito particular metafísica da separação, os contos mais importantes são: *In der Strafkolonie* (*Na colônia penal*, 1914), *Beim Bau der chinesischen Mauer* (*A construção da muralha da China*, 1917), *Ein altes Blatt* (*Um velho manuscrito*, 1917), *Es war in Sommer* (*Foi no verão*, 1917), *Unser Städtchen* (*Nossa cidadezinha*, 1920), *Zur Frage der Gesetze* (*Sobre a questão das leis*, 1920), *Die Truppenaushebung* (*O recrutamento das tropas*, 1920) e *Das Stadtwappen* (*O escudo da cidade*, 1920).[16]

Somente a partir das sombrias paisagens desses contos podemos tensionar os intermináveis campos hermenêuticos que localizam e conferem sentido aos principais temas kafkianos, entre os quais desponta o problema da relação representativa que se estabelece entre o povo e os nobres, magnificamente ilustrada na fábula moral de Kafka intitulada *Vor dem Gesetz* (*Diante da lei*), escrita provavelmente no final de 1914, incluída de maneira autônoma no livro de contos *Ein Landarzt* (*Um médico de aldeia*, 1919) e integrada posteriormente em *Der Prozeß* (*O processo*, 1925), obra de publicação póstuma. Nesse pequeno relato, um camponês é impedido de ultrapassar a porta da lei pelo guarda que a vigia. Ao perceber

---

[16] Todos esses contos estão disponíveis em KAFKA, Franz. *Die Erzählungen*. Herausgegeben von Roger Hermes. Frankfurt-am-Main: Fischer, 2007.

que o camponês tenta ver o que há atrás da porta, o guarda lhe avisa: "Se está assim tão curioso, tenta entrar, apesar de eu te proibir. Mas nota bem: eu sou poderoso. E sou apenas o mais humilde dos guardas. Mas de sala em sala há outros guardas, cada um mais poderoso do que o anterior. Nem eu próprio já consigo suportar a vista do terceiro".[17] Passam-se muitos anos, sempre com o camponês esperando uma oportunidade para entrar na lei, chegando mesmo a subornar o guarda, até que, no fim de sua vida, ele pergunta, com um fio de voz, por que ninguém mais além dele tentou ultrapassar a porta da lei, recebendo do guarda a resposta de que aquela porta era destinada só a ele, o camponês que agora agonizava, e que, portanto, logo seria fechada.

O paradoxo parece claro, dado que, como ocorre no dispositivo da representação política, quem é o verdadeiro dono do poder não pode utilizá-lo, sendo que toda tentativa nesse sentido acaba veementemente desencorajada pelos corpos hierárquicos subordinados que, não obstante, aceitam o suborno que se lhes oferece. Daí porque, em uma estrutura representativa, o poder resida sempre na hierarquia, na sagrada *arkhé* capaz de ligar ou desligar os circuitos do poder. Mais ainda: viver em um sistema hierárquico significa assumir que uma pequena

[17] KAFKA, Franz. *Parábolas e fragmentos*. Trad. João Barrento. Lisboa: Assírio & Alvim, 2004, p. 56.

parte das pessoas toma as decisões que a maioria deve simplesmente executar; significa que para os grupos dirigentes há direitos e privilégios e para o grosso do povo apenas submissão e deveres, eventualmente travestidos como direitos.

Essa estrutura de afastamento e de impossibilidade de realização política na imanência é um *leitmotiv* na obra de Kafka. Lembremo-nos de Joseph K., que busca desesperadamente conectar razões e culpa, esta sempre pressuposta – e por isso mesmo inegável e inultrapassável –, sem jamais encontrar os juízes competentes para julgá-lo, o que não impede que seja executado ao final por funcionários subordinados, que são os verdadeiros donos do poder, parece sugerir Kafka. No mundo kafkiano há também um mensageiro que nunca consegue chegar a seu destino, um agrimensor que jamais se encontra com o senhor do castelo que aparentemente o contratou para medir suas terras e muitas outras figuras que se perdem no labirinto das contínuas mediações e representações que, em uma fuga para frente, afastam os personagens de seus objetivos, conformando sujeitos fraturados: um mensageiro que não consegue entregar mensagens, um agrimensor que não mede, um réu que não é acusado formalmente e, por isso mesmo, perde já de início a qualidade mesma de réu para se tornar apenas vítima, ou melhor, *homo sacer*, corpo matável. Todos esses infelizes são metáforas adequadas para evocar o dispositivo da representação política contemporânea, que cria sujeitos políticos impossibilitados de exercer o poder político, ou seja, sujeitos "livres" que, ao preço de sê-lo na dimensão retórica, não podem exercer de verdade a liberdade que os constitui. Trata-se assim de um indecidível (P/p)ovo governante que não se governa.

É exatamente essa figura paradoxal que aparece em um dos mais perturbadores aforismos de Kafka escritos durante sua estância em Zürau, na Boêmia, entre setembro de 1917 e abril de 1918. Nele Kafka se refere a homens que, diante da escolha entre ser reis ou mensageiros de reis, preferiram, agindo como crianças, ser mensageiros. Passaram então a caminhar pelo mundo gritando ordens sem sentido, pois não há reis que as possam fundamentar.[18] A desincorporação do poder atinge assim seu nível mais extremo, quando se percebe que não há ninguém para sustentar as ordens que agora existem apenas na dimensão fantasmática de sua elocução vazia,

[18] "Foi-lhes oferecida a escolha de serem reis ou mensageiros de reis. À maneira das crianças, todos quiseram ser mensageiros. É por isso que, não havendo reis, existem apenas mensageiros que percorrem o mundo e gritam uns aos outros mensagens que perderam o sentido. Eles gostariam de dar fim a suas vidas miseráveis, mas não se atrevem devido ao juramento que prestaram". (KAFKA, Franz. *Die Züraeur Aphorismen*. Hrsg. Roberto Calasso. Frankfurt-am-Main: Suhrkamp, 2006, aforismo n. 47).

ou seja, enquanto simples forma de lei, a vigência sem significado aludida no diálogo epistolar entre Scholem e Benjamin sobre Kafka. Tal me leva a retomar uma tese que desenvolvi já há alguns anos segundo a qual a representação política não corresponde a uma forma de mediação.[19]

De fato, a mediação consiste em uma estrutura que relaciona duas realidades distintas que, em última análise, são inconfundíveis, como se lê em outro aforismo de Kafka no qual ele afirma que a mediação da serpente foi necessária para ligar os seres humanos ao Mal, já que, no final das contas, o Mal pode até mesmo seduzir o ser humano, mas nunca se transformar em humano.[20] Admitido tal esquema, passo a problematizar a "mediação" representativa. Em sua estrutura há dois polos inconfundíveis, quais sejam, o Povo governante (transcendente) e o povo governado (imanente), os representantes e os representados, os quais se relacionariam somente por meio da representação, dispositivo que ultrapassaria a irrelação entre os dois polos. Contudo, ao se aceitar

[19] MATOS, Andityas Soares de Moura Costa. *Representação política contra democracia radical*: uma arqueologia (a)teológica do poder separado. Belo Horizonte: Fino Traço, 2020.

[20] "Foi necessária a mediação da serpente: o Mal pode seduzir os humanos, mas não tornar-se humano". (KAFKA, Franz. *Die Züraeur Aphorismen*. Hrsg. Roberto Calasso. Frankfurt-am-Main: Suhrkamp, 2006, aforismo n. 51).

como "natural" tal configuração, esquece-se que "foi-lhes oferecida a escolha de serem reis ou mensageiros de reis", ou seja, o poder político, em suas origens, não é algo diverso da potência criativa e produtiva dos sujeitos sociais que o criaram, tendo se separado deles graças a uma operação artificial tipicamente representativa. Daí deriva a disjunção entre Povo-sujeito e povo-objeto característica do poder político representativo, que funciona com base em uma radical desresponsabilização dos sujeitos, os quais agem "à maneira das crianças". Mais do que unir, a representação fratura. Ou fratura porque une, à semelhança das sínteses disjuntivas de Deleuze e Guattari. Uma vez produzida a cisão, não existem mais reis, apenas ordens vazias que vagam de mensageiro a mensageiro, sem dar sentido ao mundo humano.

A representação política se revela então enquanto dispositivo que quebra o bloco ontológico multidão-poder em nome da díade presente na ideia de poder *do* povo, agora separado em sujeito e objeto. Por isso a representação não corresponde a um dispositivo de mediação que tornaria possível a relação política em sentido democrático; sua função é manter separadas as instâncias ontológicas – o *ser* dos sujeitos sociais e o seu *fazer* político – que originariamente existem apenas de modo relacional, em conjunto.

REPRESENTAÇÃO E FARSA

Ademais, em Kafka a representação jamais revela qualquer conteúdo político coletivo, dado que sempre se efetiva em termos de representação pessoal (*Vertretung*). Esta, devido a suas aporias, acaba se resolvendo em uma representação do tipo teatral, que pode ser cômica ou letal, ou melhor, é cômica *porque* é letal. Conforme uma interessante proposta de Na'ama Rokem, para expor o lugar (vazio) da representação em Kafka, é interessante comparar a obra do autor tcheco com a de Theodor Herzl, intelectual sionista que Kafka conhecia.[21]

Além de escritor e dramaturgo, Herzl foi um destacado sionista que, objetivando resolver o problema da nacionalidade judia – que, para se afirmar, não podia contar com os elementos tradicionais de um território ou de uma língua compartilhada –, trouxe à tona uma antiga figura do direito romano, qual seja, o gestor. Como o próprio Herzl define, gestor é quem age no lugar de outra pessoa que, estando ausente, precisa presumivelmente ter seus interesses protegidos. O exemplo clássico no Direito Civil contemporâneo seria o de alguém que, sabendo que seu vizinho está viajando e

---

[21] ROKEM, Na'ama. Zionism before the law: the politics of representation in Herzl and Kafka. *The Germanic Review: Literature, Culture, Theory*, v. 83, n. 4, pp. 321-342, 2008.

vê um incêndio se iniciar em sua casa, a arromba para apagar o fogo, pressupondo que essa seria a vontade do ausente, tornando-se assim seu gestor.[22] Percebe-se – e Herzl faz questão de frisar esse ponto – que o gestor não conta com autorização expressa daquele cujos interesses ele, em um momento de perigo, gere. De fato, para Herzl o gestor não recebe nenhuma autorização; pelo menos não uma autorização humana, dado que ela deflui do próprio estado de necessidade.[23] Trata-se então de uma estrutura limítrofe do Direito Civil e que pode ser aproximada a uma espécie de estado de exceção no campo privado, aparentando-se o gestor, em certo sentido, com o soberano schmittiano.

A partir dessas ideias, Herzl pensa em um grupo de pessoas e instituições que possam agir como gestoras da dispersa comunidade judaica, garantido assim a construção do então ansiado Estado judeu, o qual não nasceria democraticamente por meio de eleições ou historicamente graças a processos de longa duração. Ao contrário, tendo em vista o estado de necessidade de toda a

---

[22] A figura do gestor é prevista no art. 861 do Código Civil brasileiro nos seguintes termos: "Aquele que, sem autorização do interessado, intervém na gestão de negócio alheio, dirigi-lo-á segundo o interesse e a vontade presumível de seu dono, ficando responsável a este e às pessoas com que tratar".

[23] HERZL, Theodor. *Der Judenstaat*: Versuch einer modernen Lösung der Judenfrage. Wien, 1896.

comunidade, o gestor – nunca identificado com um homem específico, mas com as ações de muitos homens e instituições judaicas – preparará a constituição político-jurídica do Estado hebreu, da mesma maneira que o vizinho cuida dos interesses daquele que está viajando.

O gestor se assemelha ao representante, mas com ele não se confunde. Antes de mais, porque a relação entre o gestor e aquele que tem seus interesses protegidos é claramente privada, faltando a dimensão política e pública da representação. Além disso, o gestor é sempre um "representante da ausência", pois age diante da não presença de outro sujeito. Esta característica torna a figura do gestor particularmente adequada para discutirmos a impoliticidade da nossa época, dado que ao invés de representação, o que vemos se avolumar com cada vez mais intensidade no cenário contemporâneo é a gestão econômica de supostos interesses sócio-políticos da coletividade – identificada com um povo ausente – por parte de sujeitos que não receberam nenhuma autorização ou mandato para tanto. Ao contrário, eles se deram tal autorização frente ao "perigo" e ao "estado de necessidade" traduzidos na possibilidade de o povo tomar o poder e exercê-lo de forma direta.

Para além de sua obra estritamente político-jurídica, Herzl aproveita a figura do gestor em peças teatrais e outros escritos literários, quase sempre o identificando de modo mais ou menos cômico a advogados que representam interesses contrapostos. Diante do caos inaugurado pelas reivindicações de seus clientes, o advogado-gestor acaba permanecendo inativo, incapaz de representar, ainda que de forma privada, aqueles que o constituíram para tanto.[24] É aqui então que a inflexão de Kafka se impõe, dado que ele utiliza um personagem simetricamente oposto aos advogados com muitos clientes satirizados por Herzl. Em *O processo*, Joseph K. erra pelos labirintos da cidade buscando desesperadamente alguém que o represente, sem nunca colmatar a ausência que redunda não apenas no *nonsense* do próprio processo, mas na vergonha que, afinal, lhe sobrevive enquanto resto inassumível e, portanto, irrepresentável. No caso de Kafka, trata-se não de um representante omisso de vários representados, mas de um representado que possui – ou quer possuir – vários representantes,[25] todos

---

[24] ROKEM, Zionism before the law, pp. 330-334.

[25] A exemplo do que ocorre com o comerciante Block, que além de Huld mantém secretamente junto a si outros cinco advogados: "– Pois – disse o comerciante, hesitando e com tom de voz de quem está confessando algo desonroso –, tenho outros advogados ainda. – Não há nada de mau nisso – disse K., um tanto decepcionado. – Aqui, sim –, exclamou o comerciante, que estivera contendo a respiração desde o momento em que confessara seu segredo; mas depois da observação de K. pareceu adquirir maior confiança. – Isso é algo que não se permite. E menos permitido ainda está o contratar os serviços de advogadinhos quando já se goza dos de um advogado propriamente

eles, contudo, infalivelmente inúteis e até mesmo preju-
diciais a seus interesses.[26]

O protagonista busca sucessivamente se aproximar
do comerciante Block, do pintor Titorelli, do advogado
Huld e de sua enfermeira Leni, que acaba se transformando em amante de K. Ele está sempre tentando não
apenas compreender o processo em que se envolve mais
e mais, pretendendo também que essas personagens se-
cundárias intercedam em seu nome diante do Tribunal
que o julgará. Todas as tentativas, no entanto, são vãs,
já que a própria contextura espectral de K., que parece
nunca ser efetivamente ouvido nem visto por seus inter-
locutores, impõe-lhe uma impossibilidade de representação, seja pública ou até mesmo privada. Na verdade,
todos aqueles que cruzam o caminho de K. passam a
se comportar não como seus representantes, e sim enquanto gestores de seus interesses, como se ele não es-

---

dito. Contudo, isso precisamente foi o que eu fiz: além do doutor
Huld, tenho cinco rábulas. – Cinco? – exclamou K.; já o número o
enchia de assombro. – Cinco advogados além deste? O comerciante confirmou com uma inclinação de cabeça. – Exatamente, estou
negociando agora com um sexto. – Mas para que você precisa de
tantos advogados? – perguntou K. – Necessito de todos – explicou o
comerciante" (KAFKA, Franz. *O processo*. Trad. Torrieri Guimarães.
São Paulo: Abril Cultural, 1979, p. 186).

[26] ROKEM, Zionism before the law, p. 337.

tivesse fisicamente presente. Isso fica claro no diálogo mantido com o advogado Huld:

> Este discurso longe de convencer a K. o impacientava. Através do tom do advogado acreditava já estar vendo o que o esperava e cedia; tornariam a começar aquelas palavras de estímulo, voltaria o advogado a afirmar-lhe que se produziam progressos na causa, voltaria a dizer-lhe que havia melhorado a disposição dos funcionários judiciais, mas que se apresentavam grandes dificuldades que se opunham a seus trabalhos... em resumo, voltaria a dizer-lhe o que ele já sabia até o enfastiamento para enganá-lo com incertas esperanças e atormentá-lo com incertas ameaças. Era preciso impedir tal coisa de uma vez por todas. Por isso, K. disse: – Que fará você pela minha causa se eu lhe mantenho a minha representação? O advogado resignou-se até a admitir esta pergunta ofensiva e respondeu: – Continuarei levando por diante as gestões realizadas em seu favor. – Já o sabia – disse K. – Quer dizer então que qualquer palavra mais é supérflua.[27]

K. se move em um mundo que ele não entende e que talvez realmente não tenha qualquer sentido, e isso não pelo acúmulo das leis e sentenças que o constituem, mas devido a uma ausência anômica da verdadeira lei que

[27] KAFKA, *O processo*, pp. 204-205.

poderia destituir todas as demais, aquela que aparece como algo inatingível no célebre episódio da catedral, quando Kafka enxerta no romance o terrificante conto *Diante da lei* que já comentei.

A transformação final que confere a esse mundo radicalmente não representativo a sua densidade de sonho mau consiste no aprofundamento de um *tópos* que, já presente em Herzl, acaba sendo levado ao máximo paroxismo por Kafka, quando o representante – que se comporta como gestor durante todo o livro – se transmuta em mero ator. Em vários momentos do texto Kafka liga a representação privada (*Vertretung*), em especial aquela efetivada por advogados, à representação teatral (*Darstellung*), vendo o cenário do Tribunal e de suas adjacências como um imenso palco em que se celebram, uma após outras, inúmeras farsas. Até mesmo os agentes do Tribunal que no fim sacrificarão K. como se fosse um animal são comparados a atores:

> "Mandaram-me velhos atores de segunda ordem", disse-se K., enquanto os contemplava outra vez para persuadir-se de que realmente era assim. "Pretendem acabar comigo a preço muito vil". K. voltou-se então de súbito para eles e perguntou: – Em que teatro vocês representam? – Teatro? – perguntou um dos senhores, movendo apenas um ângulo da boca ao outro, como

em busca de conselho. Mas o outro se comportou como um mudo que lutasse contra seu organismo que se nega a obedecer-lhe.[28]

Em um mundo no qual a representação política se tornou impossível graças à ausência de um povo a ser representado – o qual, contudo, busca sem cessar e sem sucesso fazer-se representar por uma série de entidades que se negam a tanto exatamente porque não veem qualquer consistência ontológica no povo – restam apenas duas possibilidades, ambas funcionando de maneira concomitante: a gestão cruel daqueles que foram forçosamente invisibilizados, papel hoje reservado aos poderes econômicos e financeiros, e a contínua apresentação de uma peça teatral em que os poderes públicos – o Executivo, o Legislativo e, com muita especificidade, o Judiciário – mantêm as aparências de normalidade de um rito político-jurídico que, contudo, já se desgastou e só pode ser compreendido, na esteira do corrosivo comentário de Marx sobre Napoleão III, enquanto a farsa que se segue à tragédia.[29]

[28] KAFKA, *O processo*, pp. 239-240.

[29] "Hegel observa em algum lugar que todas as grandes pessoas e fatos da história mundial ocorrem, por assim dizer, duas vezes. Ele se esqueceu de acrescentar: a primeira vez como tragédia, a outra vez como farsa" (MARX, Karl. Der achtzehnte Brumaire des Louis Bonaparte. In: ENGELS, Friedrich; MARX, Karl. *Werke*. Band 8. Berlin: Dietz, pp. 111-207, 1960, p. 115. Edição eletrônica disponível em:

NO ENTANTO...

Para fazer face a essa situação paradoxal, que é ao mesmo tempo de inflação normativa e de anomia, não basta simplesmente destituir a lei, sendo necessário desativar as dimensões que a tornam algo que pode ser apropriado, o que não acontece com a verdadeira lei que falta, simbolizada metaforicamente pela Torá, mas que podemos entender como uma lei interna ao próprio ser e que se confunde com a vida, não estando dela separado, sendo ela própria a vida.

Nessa perspectiva, é importante citar o *exemplum* das comunidades franciscanas que, conforme a arqueologia filosófica que Giorgio Agamben desenvolveu em *Altíssima pobreza*, opuseram ao direito de propriedade referendado e exigido pela Igreja o mero uso, desarticulando assim o mecanismo apropriador do *nómos* na medida em que a regra se tornou vida, ou melhor, confundindo-se com a vida mesma, a regra não pôde mais se estruturar enquanto mecanismo externo do direito ou do dever, perdendo assim seu caráter aflitivo.

Trata-se de uma experiência similar à da regra constitutiva descrita por Wittgenstein e retomada por Agamben no último livro da série *Homo sacer*, quando

---

<http://kulturkritik.net/systematik/philosophie/mew_pdf/mew_band08.pdf>. Acesso em: 20 set. 2017).

ele nos explica que as regras do xadrez não se impõem externamente às peças; ao contrário, a peça chamada de peão nada mais é do que a soma das regras de xadrez que regulam seus movimentos e, portanto, o constituem, de modo que não existe um peão fora das regras, nem regras que o regulem enquanto entidade ontológica diversa do próprio jogo.[30] Tal arranjo se revelou para os franciscanos como uma maneira de ser e de estar em que incessantemente a regra (des)constitui o sujeito e o sujeito (des)constitui a regra, sem a necessidade de garantir âmbitos proprietários. Com o experimento franciscano, a vida se tornou regra: *regula vitae*.[31]

E é somente a partir de então que se pode falar nesse misterioso direito estudado e não praticado referido por Benjamin, dado que, conforme lembra Sebald em um belo texto dedicado a Canetti,[32] o estudo infinito se diferencia do saber, que acaba se tornando totalitário e paranoico quando se considera dono de um conhecimento que precisaria ser protegido dos outros. Diferentemente, o estudo constitui-se como um conhecimento que não é um poder nem uma propriedade e jamais pode ser ad-

---

[30] AGAMBEN, *L'uso dei corpi*, pp. 306-307.

[31] AGAMBEN, Giorgio. *Altissima povertà*. Vicenza: Neri Pozza, 2011, seção 1.3 da parte II.

[32] SEBALD, W. G. *A descrição da infelicidade*. Trad. Telma Costa. Lisboa: Quetzal, 2016, p. 108.

quirido de uma vez por todas, estando sempre aberto à dimensão comum e singular do pensamento, que não pertence a ninguém e por isso pode ser usado por todos. Eis o que podemos aprender, entre muitas coisas, com o pequeno Ravachol que Kafka dizia ser quando se perdia nas ruas de Praga e chegava atrasado na escola.

O PARTIDO DE KAFKA

A tradição que assim se torna predominante
tende tão pouco a tornar acessível aquilo
que ela "transmite" que, antes de tudo e
na maioria das vezes, o esconde.

(M. Heidegger, *Ser e tempo*, § 6)

1.

Em um breve conto de Kafka de 1920 intitulado *A questão das leis*[33] se narra, com uma espiral de palavras que parecem vir do diário do habitante de um vilarejo perdido, o que poderia querer dizer a destituição das leis e o que teria impedido até agora a sua realização.

Ainda que Kafka comece escrevendo "as nossas leis", não há nenhuma maneira de localizar o conto em um país específico, não se indicando nem a data nem a época por meio das quais seria possível contextualizar historicamente a narração, de modo que só podemos supor que aquelas leis sejam as "nossas" enquanto habitantes genéricos do Ocidente e que o seu "tempo" seja tão antigo *e* atual quanto a própria civilização ocidental. De quais leis se trata? Aqui também há uma opacidade de fundo em relação ao seu caráter e, igualmente neste caso, podemos apenas pensar que se trata não tanto de

---

[33] KAFKA, F., *La questione delle leggi*, em KAFKA, F. *Tutti i racconti*. Org. E. Pocar. Mondadori: Milano, 1976, pp. 329-330.

um sistema jurídico particular, mas das leis como princípios da vida política de *nossa* civilização.

É como se esse escrito completasse a mais famosa e bem mais comentada parábola kafkiana, que tem por título *Diante da lei*, quase como se fosse seu escólio. No que se refere ao seu estilo, seguindo a pista que tantos percorreram, podemos dizer que se trata de um *midrash*, o comentário que os sábios judeus fazem sobre os livros santos. Todavia, como se sabe, Kafka não se remete à tradição haládica, por meio da qual os rabinos codificaram as leis, mas usa a modalidade agádica, ou seja, uma forma poética, aquela da lenda, evitando assim que a própria escritura pudesse funcionar também como lei – Andrea Cavalletti, no posfácio ao fundamental ensaio de Bialik, define de maneira eficaz tal modo de proceder como "uma afirmação [...] sem autoridade".[34] Disso tudo podemos brevemente aprender algumas coisas: além de indicar que o uso que fazemos da escritura é sempre uma tomada de posição frente às leis, Kafka nos mostra a possibilidade de um estilo de escritura destituinte. Ao final, e tendo presente para o nosso percurso e já como seu cumprimento, que esse procedimento remonta diretamente ao *estudo* como prática messiânica, nisso mais semelhante ao jogo do que à severa disciplina

---

[34] Cf. BIALIK, N. *Halachah e aggadah. Sulla legge ebraica*. Org. A. Cavalletti. Trad. it. D. Messina. Bollati Boringhieri: Torino, 2006, p. 50.

escolar, podemos concluir que se o dar forma poética à linguagem é, parafraseando Fortini, algo homólogo à formalização da vita, *"finalidade e fim do comunismo"*,[35] então verdadeiramente revolucionário é apenas aquele movimento que leva esses dois exercícios de formalização a coincidirem.

2.

Apesar de Max Brod, seria um erro limitar os escritos de Kafka a um registro exclusivamente religioso, dado que possuem um sentido secular exatamente na medida em que põem em questão o paradigma sagrado usando as suas próprias armas. Opor de maneira clara as duas dimensões, religiosa e secular, envolve ainda outro risco, qual seja, o de não compreender aquilo que aparece no meio, ou seja, a sua dimensão *profana* que, ao se confrontar diretamente com o sagrado, é diferente tanto da dimensão religiosa quanto daquela puramente secular. Trata-se da dimensão profana, que é sempre a mais importante para a nossa vida, mas que, devido à sua própria colocação, frequentemente escapa à nossa inteligência. Todavia, a partir desse ponto médio, ainda que

---

[35] "O uso literário da língua é homólogo àquele uso formal da vida que é a finalidade e o fim do comunismo", em FORTINI, F., *Verifica dei poteri. Scritti di critica e di istituzioni letterarie.* Il Saggiatore: Milano, 2017, p. 162.

Kafka não ofereça nenhum indício acerca do lugar e do tempo de que emerge a voz do narrador, sentimos com certeza que ele fala dirigindo-se a *nós*. Essa lenda, como todas as verdadeiras lendas, não nos indica nenhum outro lugar e nenhum outro tempo diversos daqueles nos quais estamos.

Nessa perspectiva, Kafka compartilha muitas das qualidades de um arqueólogo no sentido em que Giorgio Agamben entende tal figura, quer dizer, alguém que procura indagar a origem de um fenômeno, o seu "ponto de insurgência", as tradições às quais dá vida e a fratura que há entre esta e aquelas, e isso não para ao final recolocar o fenômeno originário na tumba do seu suposto passado histórico, mas para fazer brilhar sua presença *aqui e agora*. Todavia, Agamben acrescenta algo crucial, aduzindo que "a operação sobre a origem é, ao mesmo tempo, uma operação sobre o sujeito".[36] É essa dupla operação que fez de Kafka um arqueólogo falimentar, um alegre "assistente" da sua e da nossa magnífica derrocada.

Walter Benjamin dizia que Kafka pensava por *eras* e não por *épocas*. Mas a era das leis de que Kafka nos fala evidentemente não pode ter origem em 1750, a partir da revolução industrial e da difusão do capitalismo, que é o

---

[36] AGAMBEN, G. *Signata rerum. Sul metodo*. Torino: Bollati Boringhieri, 2008, p. 90.

"ponto de insurgência" de uma época que é apenas um dos últimos estratos de uma era geoespiritual iniciada muito antes, quando as leis do Ocidente foram instituídas. A modernidade completa, da qual Kafka vivia os alvores, indicaria ao contrário a época do seu colapso, o limiar que, uma vez ultrapassado, vê vacilar os fundamentos do nosso mundo, introduzindo-nos naquela que Reiner Schürmann chamará de época an-árquica.[37]

Contudo, a partir dessa época que também é a nossa, Kafka parece sempre aludir à sua pré-história – aquele tempo no qual, escrevia Benjamin, "leis e normas definidas permanecem, na pré-história, como leis não escritas".[38] Essa pré-história é um mundo mais originário do que o mitológico, mas não é algo que se daria "antes da história", e sim um tempo impossível de determinar de modo cronológico, exatamente porque *ainda* pulsa nas nossas vidas e no interior da história. De fato, Benjamin o chama também de "pré-mundo – o presente secreto

---

[37] N.d.T.: Conforme explicado na primeira seção da introdução a este livro, a palavra an-arquia, grafada com hífen, se deve a Reiner Schürmann e indica a ausência de fundamento ontológico típica da contemporaneidade. Tal ideia foi por mim desenvolvida e atualizada na obra *A an-arquia que vem: fragmentos de um dicionário de política radical*, editado pela sobinfluencia em 2022.

[38] BENJAMIN, W. *Franz Kafka*, em *Angelus novus. Saggi e frammenti*. Org. R. Solmi. Torino: Einaudi, 1995, p. 278.

de Kafka",[39] um tipo especial de presente que o próprio Agamben indica como aquilo de que na realidade se ocupa a arqueologia do pensamento. A escritura das leis, sua "instituição" e os véus da história que a envolvem no tempo, aparecem nesse sentido como um passe de mágica por meio do qual a pré-história é escondida, de maneira a tornar impossível qualquer compreensão da mesma. O método arqueológico do qual Giorgio Agamben se serve é exatamente aquele que se preocupa em aferrar essa pré-história do presente por meio da distância entre o ponto de insurgência de um fenômeno e a longa sucessão dos saberes e dos poderes que se desenvolveram em seguida com base nesse ponto, ou seja, as "tradições" de que surgiram e que, segundo Kafka, em torno e em razão das quais se produziu a confusão atual.

3.

O suposto mistério das leis é, desde a primeira linha do apólogo, posto diante de nosso olhar: "Infelizmente nossas leis não são universalmente conhecidas, são um segredo daquele pequeno grupo de nobres que nos domina". Com as palavras do recente movimento *Occupy*, podemos dizer que se trata do segredo do 1% aos quais os 99% obedecem. Essa ideia, desenvolvida até à loucura,

[39] *Op. cit*, p. 258.

é também aquela que no fundo está na raiz de todos os conspiracionismos contemporâneos.

Portanto, a primeiríssima questão que Kafka nos propõe, consiste em evidenciar uma distância epistemológica entre o 1% que comanda, dado que tem conhecimento do segredo das leis, e o resto que obedece, já que ignora tal segredo. Não é inútil relembrar que a etimologia da palavra "segredo", do latino *secretum*, particípio passado do verbo *secernere*, ou seja, "separar e colocar à parte", a relaciona à atividade típica da administração do sagrado, entendido como aquilo que concerne às coisas "subtraídas ao livre uso e comércio dos homens".[40] Isso nos lembra que todo poder legislativo, ainda que se apresente em vestes laicas e seculares, traz consigo um dispositivo religioso. De fato, sempre e de qualquer maneira os revolucionários precisam pensar a *sua* relação com o sagrado e a sua forma institucional, qual seja, a religião. Por seu turno, Agamben viu na *profanação* o meio com o qual neutralizar aquela específica ação que é o sagrado e assim desvelar o "segredo" escondido em cada religião, inclusive na capitalista. Por outro lado, Tiqqun falou do Comitê Invisível como de uma "sociedade *abertamente* secreta/ uma conspiração pública"[41] contra este mundo, uma ten-

[40] AGAMBEN, G. *Elogio della profanazione*, em AGAMBEN, G. *Profanazioni*. Roma: Nottetempo, 2005, p. 83.

[41] TIQQUN. *Teoria del Bloom*. Torino: Bollati Boringhieri, 2004, p. 125.

dência subversiva sem paramentos sacro-religiosos, mas animada por uma profunda espiritualidade. Em suma, a profanação parece ser a operação que, desativando o sagrado como atividade institucional de interdição do uso, destitui tanto a dimensão religiosa quanto a secular.

Voltando a Kafka, tudo parece indicar, no início, que a diferença entre "nobres" e "povo" pode ser reconduzida a um problema de amplitude do ponto de vista disponível. E sem dúvida há certa verdade nisso, dado que quem exerce o poder sempre buscou arrogar-se o ponto mais alto a partir do qual observar e dominar o mundo sem ser visto: torres, castelos, arranha-céus, astronaves, drones. Em suma, podemos dizer que o 1% possui uma visão estratégica que falta dolorosamente aos 99% restantes, ou ainda, como escreve o Comitê Invisível,[42] que a diferença está no fato de que o 1% é organizado e por isso *nos* organiza, ao contrário dos *outros*, cuja tarefa profana é a de *se* organizar, obtendo assim uma autonomia da percepção *sem erguer torres epistemológicas*.

4.

A chave dessa situação, no raciocínio de Kafka, não reside fundamentalmente na possibilidade de interpretar ou

---

[42] COMITATO INVISIBLE. *L'insurrezione che viene – Ai nostri amici – Adesso*. Roma: Nero Edizioni, 2019, pp. 108-109.

não as leis – ainda que, acrescenta, isso hoje seja permitido apenas a alguns –, dado que "as leis são muito antigas, foram interpretadas durante séculos e também essa interpretação já se tornou lei; as eventuais liberdades de interpretação ainda existem, mas são muito limitadas". A interpretação que se tornou lei é, com toda evidência, parte essencial da tradição dos vencedores. É interessante que Benjamin escreva que Kafka "tomou todas as medidas possíveis contra a interpretação dos próprios textos",[43] eis que, como dito no início, sempre cuidou de evitar que a própria escritura funcionasse como lei, e para obter tal resultado, um dos modos que utilizou foi proceder mediante fragmentos. Podemos acrescentar que, agindo assim, Kafka também evitou que se formasse em torno de seus textos uma enésima tradição. A possibilidade de escapar da tradição dominante existe, nos diz Kafka, mas é muito pequena, assim como a porta por meio da qual entra o Messias. Retomando um recente texto de Agamben dedicado exatamente à interpretação,[44] poderia ser sustentado que a eventual, pequena e "limitada" liberdade de interpretação que nos resta não está na contínua desconstrução do que é dito na tradição, mas na exposição do que não é dito, ainda que, e nesse

[43] BENJAMIN, W. *Franz Kafka, op. cit.*, p. 288.
[44] AGAMBEN, G. *Principia hermeneutica*, em *Critique* n. 836-837, Janvier/Fevrier 2017, pp. 5-13.

ponto o texto agambeniano é muito preciso, isso não signifique que devamos entender esse não-dito como "um discurso esotérico secreto cuja comunicação seria reservada aos adeptos, tratando-se antes de um não-dito interno ao dito". Dessa maneira, não é tanto o "conhecimento" e sim o "não-saber" que lhe é interno e que se articula com o primeiro que é crucial para superar qualquer segredo: o importante não é a posse do saber, mas a singular disposição ao seu uso. E como sugere Agamben em uma passagem do mesmo escrito, isso não significa se abandonar à interpretação infinita, mas transcender o significado histórico de certo fato para se elevar a uma sua compreensão que coincida com "o cumprimento de toda escritura e de toda interpretação". E o tempo desse exaurimento, que coincide com a vinda do Reino, não é nunca o amanhã, o futuro, mas sempre o *agora*.

5.

Com base na tradição dos vencedores, mesmo aqueles que não conhecem o íntimo significado das leis são levados a se exprimir – linguisticamente, sentimentalmente, praticamente – no quadro das interpretações que, ao longo do tempo, se tornaram formas de lei, integrando um dispositivo que preside inclusive a assim chamada "produção de subjetividades". Este sintagma é importante porque demonstra que o sujeito não apenas deve ser pensado segundo as leis do Ocidente como alguém que *produz* alguma coisa, mas que, sobretudo, é ele próprio *produzido* por uma outra coisa qualquer.

O sujeito da tradição ocidental, tornado o seu mais extraordinário não-lugar, não é nada mais do que o produto mais precioso das leis, tão precioso que a ele foi desde sempre demandada a sua própria execução. Sem a produção de sujeitos, as leis nunca teriam existido no sentido que até hoje as entendemos. Por certo, não é um acaso que o fenômeno que Gershom Scholem, em um diálogo epistolar com Walter Benjamin, chamou de "inexequibilidade da lei",[45] tenha sua origem no mesmo momento no qual a história – tal se deu no rescaldo da Primeira Guerra Mundial e nos prenúncios da Segunda – se encarregava de pôr em questão a credibilidade e a resistência do sujeito ocidental. Esse foi um "ponto de insurgência" bem presente para muitos contemporâneos, a exemplo de Thomas Mann, que em *A montanha mágica* escreve, referindo-se à história que se preparava para narrar: "a

---

[45] Cf. a carta de Gershom Scholem a Walter Benjamin de 17 julho de 1934 na qual Scholem, discutindo sobre Kafka, enucleia a sua teoria da inexequibilidade da lei, e também a de 20 de setembro de 1934, em que, sempre discutindo sobre Kafka, está a famosa sentença scholemiana: a lei *"vigora, mas não significa"*, em BENJAMIN, W.; SCHOLEM, G. *Teologia e utopia. Carteggio 1933-1940*. Trad. it. A. M. Marietti Solmi. Einaudi: Torino, 1987, p. 146 e p. 162.

sua extrema antiguidade é demonstrada pelo fato de que acontece *antes* do limite de certo abismo que interrompeu a vida e a consciência da humanidade... acontece, ou melhor, para evitar de propósito qualquer tempo presente, aconteceu uma vez, em tempos longínquos, nos dias antigos do mundo, antes da grande guerra, com o início da qual tiveram princípio tantas coisas que tinham apenas acabado de começar".[46] Parece que Mann também fala de certo pré-mundo, de uma pré-história e de um presente tão problemático quanto incognoscível, e que o divisor de águas da grande guerra tenha sido ao mesmo tempo um ponto de insurgência e um ruinoso cumprimento, reflexão que encontramos difusa por todos os lados na sensibilidade da época: de Benjamin a Artaud, de Breton a Mann, de Hugo Ball a Carl Schmitt e tantos outros.

A crise da lei é a crise do sujeito e vice-versa, a perda de sentido de uma se espelha na do outro. Mas crise e perda de sentido não se traduzem no desaparecimento de ambos, ao contrário, a lei e o sujeito parecem ter se tornado ainda mais opressivos do que antes e isso justamente em razão do fato niilista graças ao qual a existência da lei, escrevia Scholem, tinha sido então reduzida a uma "vigência sem significado". Todavia, a circunstância de que este mundo continue a funcionar, ainda que

[46] MANN, T. *La montagna incantata*, Vol. I. Trad. it. E. Pocar. Milano: Corbaccio-dall'Oglio, 1965, p. 5.

sem significado, explica por que ele é percebido como um inferno, mas também, ao mesmo tempo, como um indício messiânico.

6.

A longa história da interpretação das leis também produziu uma lei que postula a impossibilidade de superá--la, dado que qualquer interpretação, até a mais crítica, permanecendo no interior da tradição – pouco importa se da tradição dominante ou da subalterna –, continua sempre dentro do sistema das leis, reforçando assim sua vigência, mesmo em um mundo que já não reconhece mais seu sentido. E *pour cause*: em um célebre enunciado que sempre pensei fazer parte de uma polêmica antirrabínica, Marx disse que em relação ao mundo existiam somente as interpretações, mas não o meio para transformá-las. Todavia, sabemos bem que não só a interpretação do mundo se tornou lei, mas que também a tentativa marxista de transformá-la acabou em catástrofe e um dos motivos está provavelmente no fato que, como escrevia Agamben no fim dos anos setenta, uma revolução não deve transformar o mundo, e sim o tempo.[47] Dessa maneira, não apenas a filosofia, mas também a práxis entrou em um impasse epocal.

[47] AGAMBEN, G. *Infanzia e storia. Distruzione dell'esperienza e ori-*

Nesse sentido, qualquer interpretação seria de todo modo inútil para nós ("o povo"), já que o sistema das leis foi criado originariamente para favorecer a nobreza e o exercício de um governo sobre os homens e as coisas. Esse favorecimento se explica mediante o simples fato, escreve Kafka, segundo o qual a nobreza "está fora da lei". Tal posição dos nobres em relação às leis recorda a que Furio Jesi vê na máquina mitológica: "A máquina mitológica é autofundante: põe a sua origem *fora de si*, esta é a sua intenção mais remota, o seu coração de pré-ser, no momento em que se põe em ato. Essa pressuposição de origem (a referência ao mito) é totalizante: envolve todos os instantes e âmbitos espaciais de funcionamento da máquina, eis que o *fora de si* em que a máquina põe a própria origem é o seu centro".[48] Em síntese, a legitimidade de quem governa dependeria de seu controle da dobradiça "sagrada" que separa o dentro e o fora da lei. Por seu turno, o povo, parece dizer-nos logicamente Kafka, é assujeitado à autoridade dos nobres porque é originariamente e positivamente incluído na lei e, justamente por isso, acaba excluído *a priori* da possibilidade de dela fazer uso. A lei é provavelmente a coisa menos usável no mundo, dado que *as leis existem*

gine della storia. Torino: Einaudi, 2001, p. 95.

[48] JESI, F. *La festa e la macchina mitologica* em JESI, F. (ed.). *La festa*. Torino: Rosenberg & Sellier, 1977, p. 197.

para suspender o livre uso daquilo de que se ocupam. É como se sua posição de interioridade obrigatória no sistema das leis impedisse o povo de *ver* seu funcionamento que, desse modo, aparece-lhe como um "segredo". Dessa feita, exerce o poder quem, administrando-o, não precisa responder a nenhuma lei; está privado dele quem, mesmo que não conheça de fato seu conteúdo, está sujeito a ele. No entanto, se um dia o povo foi capturado e incluído no sistema das leis, isso significa que no pré-mundo ele estava, e potencialmente sempre está, absolutamente do lado de fora.

Assim Kafka descreveu, a seu modo, o paradigma da "exceção" estudado nos últimos vinte anos por Giorgio Agamben (a inclusão por meio da exclusão e vice-versa). Aquilo que é "sabedoria" para quem está no poder, concluía Kafka, é ao mesmo tempo "tormento" para os que o suportam. E dadas as condições em que tal se dá, acrescentava com um comentário áspero, é talvez "inevitável" que possa ser somente assim.

7.

É evidente que o dispositivo das leis serve para incluir no governo algo que naturalmente dele é excluído, ou seja, o povo, mas o paradoxo é que ele parece ser o único sujeito plenamente legal e, todavia, ilegítimo: graças às leis, o povo é de fato impedido de fazer um livre uso de si. Com efeito, "as nossas leis" democráticas dizem invariavelmente que o depositário da soberania é o povo, mas ao mesmo tempo pressupõem que os governadores – os "nobres", como Kafka os chama, definição que indica bem o fato de que o Estado de Direito, o poder das leis, é uma invenção da monarquia –, ainda que não sendo formalmente os depositários da soberania, são aqueles que *decidem* legitimamente o que é lei, podendo também suspender legalmente todo o sistema ao aduzir "razões de necessidade". Dessa forma, o povo pode ser incluído no sistema somente na medida em que, ao mesmo tempo, é produzido enquanto seu fundamento e excluído do segredo que governa seu dispositivo, ou seja, a possibilidade de decidir sobre si. A mentira da democracia está toda aqui: exatamente porque é o fundamento *produzido depois de algo que não se confunde com si mesmo*, o povo não decide, não sendo, portanto, soberano, e jamais poderá sê-lo, dado que se trata de um dispositivo constituído de maneira tal a sempre produzir uma divisão em seu seio: sempre haverá uma parte do povo incluída (o Povo) e uma parte que, graças a essa inclusão, dele será excluída (o povo ou, se preferirmos, a plebe). Como escreve Agamben: "Tudo se dá como se aquilo que chamamos de povo fosse, na realidade, não um sujeito unitário, mas uma oscilação dialética entre dois polos opostos: de um lado, o conjunto do *Povo* como corpo político integral, de outro, o subconjunto do *povo* como multiplicidade fragmentária de corpos desamparados e excluídos".[49]

Dessa maneira, a democracia também constrói o seu poder com base em uma divisão marcada diretamente no corpo vivente de uma população que, afinal, a define como regime político fundado na ausência originária do povo e ao mesmo tempo naquilo que o produz, já que um povo, como todo sujeito, deve ser sempre produzido enquanto tal, ainda que esteja sempre ausente em relação a si mesmo, dado que ele é dividido *ab origine*, a menos que o poder decida eliminar de uma vez por todas o problema constituído por esse excesso que é o povo, ou melhor, a figura que em determinado momento histórico o encarna. Tentativas nesse sentido, mesmo radicais, existiram e continuam a existir – o *Povo* contra o *povo* –, mas o problema é que o próprio poder é prisioneiro do sistema das leis e sem esse específico dispositivo a sua existência já não seria tão certa. A segurança do poder precisa de uma base de corpos diferenciados sobre os quais possa ser exercido, ou seja, precisa de um Povo para defender e de um povo do qual se defender. A pergunta correta a se fazer agora seria talvez: assumindo a

[49] AGAMBEN, G. *Che cos'e un popolo?* em AGAMBEN, G. *Mezzi senza fine. Note sulla politica.* Torino: Bollati Boringhieri, 1996, p. 31.

ausência originária do povo, como desfazer, interromper, destituir a sua produção por parte do poder?

8.

A questão que a insurreição destituinte põe é, certamente, aquela de como desenredar e sair do sistema das leis, mas ainda mais importante é a que se pergunta como seria possível fazê-lo sem retomar tal sistema imediatamente depois – questão da *irreversibilidade* – e sem arriscar-se a se tornar "nobre", ou seja, evitar que os próprios insurgentes se transformem em poder governamental – questão da *revolução*. Tal insurreição seria como uma profanação em massa exatamente porque destituiria o dispositivo sagrado que há séculos permite que existam "nobres" e "súditos" e ao mesmo tempo operaria em relação à temporalidade, fazendo o passado e o futuro entraram em curto-circuito no presente.

A questão das leis se assemelha à do trabalho, que constitui uma outra questão entre aquelas que durante séculos regeram o edifício da civilização. Há alguns anos nos perguntávamos se é necessário liberar o trabalho ou nos liberarmos do trabalho. Em outros termos: liberar a lei ou liberar-se das leis? A linha partisã passa por essa pequena, "limitada", mas decisiva mudança. É claro que todos os vários discursos jurídicos sobre o bem comum adotados em tempos recentes por teóricos da esquerda recomendam liberar as leis e não certamente destituí--las, enquanto parece evidente que experiências como a da república da Maddalena no Vale de Susa ou a da ZaD de Notre-Dame-des-Landes na França foram sobretudo gestos de secessão em relação às leis, apontando para a sua destituição. Todos os verdadeiros conflitos de hoje me parecem, em definitivo, dizer respeito a esse dilema, dado que tudo na vida se transformou em trabalho, assim como tudo se transformou em lei.

A grande confusão está no fato de que hoje podemos observar como a uma gigantesca profusão de normas e leis insignificantes ou absurdas corresponde um também intenso estado de ilegalismo difuso em todos os níveis da sociedade, de maneira que nunca é claro para ninguém quando se está dentro e quando se está fora da lei: os estratos sociais mais baixos experimentam tal situação com base nas reações dos sensores governamentais distribuídos por todos os cantos do espaço metropolitano, já os mais altos o percebem na luta para a apropriação e o governo dos bens e das vidas. Com efeito, o capitalismo é a história mais do que centenária de ilegalismos que se transformam em leis. Não se trata de uma diagnose novíssima, tanto que Kafka e outros já descreviam seus traços nos primeiros decênios do século XX. A novidade é somente a emersão na superfície e em nível planetário de algo que *já* estava ali. Mas é por isso que precisamos retomá-lo arqueologicamente se queremos escapar dele.

O problema, da maneira como Kafka o apresenta, não parece ser o de como o povo pode praticar a *ilegalidade* para se libertar das leis, mas sim aquele, muito mais decisivo, da *suspensão do funcionamento* do dispositivo da lei, o qual funciona justamente colocando em tensão contínua os dois polos constituídos do legal – inclusão na lei – e do ilegal – exclusão da lei. Ainda que tudo sempre seja jogado de maneira ambígua, hoje deveria estar mais claro a todos que a luta *molar* entre legalidade e ilegalidade é muito mais uma luta interna entre os que Kafka chamava de "nobres" e não uma batalha em que se enfrentam duas classes ou dois mundos contrapostos. Durante os últimos anos na Itália, por exemplo, o líder da direita, Berlusconi, foi o campeão da ilegalidade, enquanto a esquerda, por seu turno, foi a porta-bandeira das leis. Mas esta é apenas uma simplificação local de uma situação perceptível onde quer que seja. Direita e esquerda são os dióscuros que presidem o mesmo campo, o da governabilidade. Ambas estão posicionadas no campo dos "nobres". A diferença é que a direita exibiu em plena luz o fato de que o poder está sempre fora da lei e *por isso* pode incorporar qualquer forma de ilegalidade sem assim subverter o sistema, mas antes o reforçando, enquanto a esquerda continua a querer esconder o "pequeno segredo sujo", considerando a si própria como uma ordem sacerdotal delegada para protegê-lo. Para a esquerda, a ilegalidade é indizível justamente porque aproveita tanto a ela própria quanto a seu suposto adversário, e seus contínuos esforços para legitimar o capitalismo, e legitimar-se a seus próprios olhos, estão aí para demonstrá-lo amplamente. Podemos até mesmo dizer que agora já se trata de algo acabado. De fato, o sonho da esquerda não é, ou de qualquer maneira não é mais, superar ou destruir o capitalismo, tratando-se antes de um sonho no qual o capitalismo se identifica integralmente com o sistema das leis. Contudo, o que é sem dúvida certo é que nenhum poder em exercício nunca teve medo da ilegalidade em si, aquilo que o preocupa de verdade é quando intui que há algo que começa a transcender a polaridade leis-ilegalidade. E a única coisa que pode operar tal transcendência são as formas-de-vida que se tecem em novos territórios e que começam apenas *quando o campo das leis for desativado*. Se o fora da lei para os nobres é a ilegalidade, para o povo é o ingovernável.

9.

Gilles Deleuze, no curso dedicado a Foucault na Universidade de Vincennes, se debruçou longamente sobre a questão lei-ilegalidade,[50] sustentado o ponto mais original do método foucaultiano e que o diferencia com clareza da crítica marxista. Mas o que diz Deleuze? Que todas as grandes teorias pensam o poder em função da lei enquanto instância molar. Assim, a oposição molar se transforma imediatamente naquela da lei-ilegalidade, homóloga à oposição dominantes-dominados, e tudo se inclui em uma macrofísica do poder. Por seu turno, Foucault se interessa, como sabemos, pela microfísica, e introduz uma desmistificação desse antagonismo ao fazer aparecer uma complementariedade entre a lei e os ilegalismos, parecendo-lhe evidente que a lei resulta de ilegalismos difusos. Enquanto a ilegalidade pressupõe a existência de uma lei em nível macrofísico, microfisicamente o ilegalismo não precisa disso, já que é ele que produz o princípio. A lei é feita para proibir apenas em nível macro – que é o nível da aparência, do espetáculo –, mas no micro as coisas não são assim, é o contrário. Se a lei existisse só para proibir e reprimir, a sua história seria a de uma contínua derrota, ironizava Deleuze: as leis não são feitas para proibir, e sim para diferenciar as maneiras de contornar a proibição. A lei não impede um comportamento, mas consiste em um sistema de normas que dizem em que condições tal comportamento é

[50] Aula do dia 14 de janeiro de 1986 (1). Disponível em: <http://www2.univ-paris8.fr/deleuze/article.php3?id_article=441>.

admitido. Entre outros, Deleuze dá o exemplo extremo da legítima defesa, ou seja, de uma lei que codifica os termos pelos quais a ação que mais se imagina proibida – matar – se torna possível segundo a lei. Em todo caso, não existe *a* lei, insiste Deleuze, mas *as* leis, como também se deduz do título da parábola kafkiana – enquanto o outro conto, *Diante da lei*, mostra seu estatuto fictício. E os ilegalismos que produzem as leis servem para compensar de um lado a classe dominada e, de outro, para permitir o domínio de classe. A lei não é senão a repartição dos ilegalismos que crescem à sombra de algumas outras leis e assim sucessivamente. É nas cenas desse teatro secreto que se celebra o matrimônio entre nobres e Povo, enquanto o "teatro de Oklahoma" de Kafka surge como o palco da sua destituição.

10.

Dizíamos que o povo, ao contrário dos nobres, está sempre incluído na lei, e é por isso que, mesmo quando consegue escapar delas temporariamente sem questionar seu dispositivo – por exemplo, com uma ação ilegal que reivindica um direito –, o máximo que consegue é a imediata inclusão daquela determinada prática em uma lei que proibirá o livre uso da coisa em questão, e o mínimo é aquilo que acontece frequentemente, ou seja, a sua exclusão por meio da aplicação da lei, quer dizer, daquilo que habitualmente é chamado de "repressão". Assistimos muitas vezes à sucessiva ativação primeiro desta e depois daquela técnica de exclusão inclusiva: sancionamento dos transgressores e depois recuperação da anomia no interior do dispositivo, transformando o ilegalismo em lei e assim reforçando o sistema. Portanto, o "significado" da lei se revela somente *a posteriori*, como sanção, como violência que protege seu segredo e então como incorporação do fora que põe o "novo direito". Mas dessa maneira se atinge um limiar no qual tudo é juridicizado porque tudo é substancialmente ilegal e todos são criminosos em potencial, com o que o dispositivo se acelera e parece não haver mais uma distinção real entre repressão e direitos.

A discussão que há vinte anos envolve, nos centros sociais italianos ocupados, os defensores da sua legalização e os que são contrários a tanto parece-me que desconsiderou totalmente o seu verdadeiro objeto, que não era opor de modo banal os "puros" aos "vendidos", mas sim *como* enfrentar estrategicamente um poder e, em segundo lugar, saber em *que* se *transforma* nesse processo. Qualquer um pode fazer o experimento de observar o que se tornaram hoje os vários protagonistas da época e tirar algumas conclusões interessantes. A pobreza ética dos "vendidos" corresponde à impotência dos "puros" que, exatamente por ter fetichizado a questão da ilegalidade, não conseguiram exprimir uma verdadeira via de saída. Os únicos que trataram a questão afirmativamente são, talvez, aqueles que procuraram no tempo outras vias, outras formas, outros lugares que escapassem àquela tenaz moralizante. Trata-se daqueles que *interromperam* o dispositivo e dessa maneira descobriram outras possibilidades de viver e de lutar.

De fato, devemos acrescentar às duas técnicas que elencamos uma terceira, a mais importante, fruto da interação entre essas duas tecnologias de governo, ou seja, a produção de subjetividade. Não importa o adjetivo que a acompanha – radical ou normal, rebelde ou governamental –, pois o que realmente conta nessa operação é que o sujeito interaja com o dispositivo uma vez que este o tenha produzido enquanto tal. Portanto, o verdadeiro significado do que os movimentos chamam de "luta contra a repressão" não deveria ser o de um conflito para mudar ou se apropriar das leis e nem mesmo o intento de destruí-las, mas uma forma de conflito que, ao invés de entrar no dispositivo, o mantenha a distância o máximo possível, o esvazie e busque assim privá-lo de sua força. Se é verdade, como sustenta Foucault, que a repressão constitui a forma terminal do poder, o seu caso limite, então logicamente é preciso começar a intervir a partir de sua origem para lhe esvaziar a eficácia.

A solidariedade, por exemplo, não seria algo que nasceria obrigatoriamente após um ato repressivo, como infelizmente acontece com frequência, e sim uma força pensada como um *a priori* da possibilidade de destituição da lei. Dessa maneira, percebe-se que a repressão não é de fato um segredo, funcionando antes da maneira mais perfeita quando tem diante de si a miséria ética e afetiva. Se as nossas barricadas não são constituídas por formas-de-vida, não resistirão nem mesmo a um ataque dos menos violentos. A luta contra a repressão – esta, como vimos, é na verdade uma operação que tem por objetivo a produção de subjetividades – é necessária, mas quase sempre ineficaz não tanto graças à escassa incisividade jurídica e sim porque, no esforço antagonístico de se contrapor à efetualidade da lei ou no de mostrar a sua injustiça, acaba-se inevitavelmente por legitimar seu dispositivo, seja com a rendição ou por meio da criação de um sujeito rebelde que se inclui comodamente na dialética do poder. Por isso uma luta vitoriosa contra a repressão seria apenas a que tornasse estrategicamente impossível o funcionamento da lei, impedindo-a de *decidir* e usando todas as práticas – legais ou ilegais, isso evidentemente não importa – que possam tornar inoperante o dispositivo por meio do qual se exerce o poder. Um exemplo seria desaparecer enquanto "sujeitos".

É óbvio que taticamente o povo deve praticar o ilegalismo, assim como deve poder se defender diante da lei, estamos longe de qualquer atitude derrotista nesse sentido, mas nem o ilegalismo em si nem muito menos o direito podem ter significado estratégico.

11.

Diz-se que a primeira dificuldade está no fato de que o mecanismo que faz funcionar as leis, chamadas logo no início do conto de Kafka de "aparentes", consiste na crença de que existam há tanto tempo que é a sua própria antiguidade que legitima sua existência atual, mas também que, por causa disso, só podem ser confiadas a quem possui desde sempre o seu "segredo" e assim exerce o poder. Portanto, lei e poder são encerradas, mediante o segredo, em um círculo que se abre *excepcionalmente* para incluir o seu Povo e ao mesmo tempo excluir outro: é a isso e a nada mais que se dedica cotidianamente o governo.

Como se pode romper essa circularidade? É a essa pergunta que Kafka busca responder na segunda parte do conto.

Os movimentos revolucionários que vêm do povo desde sempre estudaram os homens do poder, as suas palavras e os seus gestos, para buscar uma via de saída possível: "se nós do povo, desde tempos antiquíssimos observamos atentamente as ações da nobreza, se possuímos para tanto relatórios escritos por nossos pais e continuamos a escrevê-los conscienciosamente e acreditamos reconhecer em inumeráveis casos determinadas diretivas que permitem remontar a certa disposição histórica, e se com base nessas deduções exatíssimas, selecionadas e ordenadas buscamos nos organizar de algum modo para o presente e o amanhã: tudo isso é extremamente incerto e talvez apenas um jogo do intelecto". Essa é com toda certeza a descrição que boa parte da tradição dos oprimidos carrega consigo, como um dos seus não-ditos, o fato que, se é verdade que uma revolução deve destruir a confusão criada pela tradição, não é menos verdadeiro que ela não pode poupar a própria tradição.

Com efeito, já se pensou, e se continua pensando, que apenas observando como vivem os poderosos chegaremos ao cerne da questão das leis, compreendendo o que realmente são poderemos reconfigurar a nossa vida com base nesse conhecimento. Mas essa é uma tradição de pensamento e de ação que apresenta muitos riscos, além do que, como sugere Kafka, parece ser um "jogo do intelecto", ou seja, uma ideologia. Um dos riscos é, por exemplo, agindo de tal maneira, quer dizer, observando a vida dos nobres, depois de pouco tempo sermos possuídos pela visão e começarmos a pensar como eles, a falar como eles e a imitar a sua forma de vida enquanto esquecemos de nos ocupar com a nossa. Esta é propriamente uma das possibilidades *mágicas* por meio das quais o governo age sobre os homens, em especial mediante o espetáculo. Todo dispositivo possui esse poder encantatório, dado que toda ação é sugerida, modelada, produzida pela adequação por contato ao funcionamento normativo que o dispositivo impõe a cada indivíduo, impossibilitando qualquer outro gesto possível. Portanto, o cidadão é essa casca vazia através da qual passam os discursos e as ações do governo, mas é também a matéria vivente que permite a esse mesmo poder circular nas metrópoles onde os cidadãos são literalmente a infraestrutura principal. Por isso o agora célebre *slogan* que nos convida a "bloquear os fluxos" deve ser entendido também, senão sobretudo, como um convite para bloquear os fluxos interiores a cada um de nós. Questão interessante, mas Kafka nos leva ainda mais longe.

De fato, Kafka diz, fechando a frase antes citada e problematizando tudo de uma maneira que não saberíamos dizer se é mais cômica ou mais dramática, que a verdadeira questão talvez esteja no fato de que "essas leis que nós procuramos adivinhar não existem". Vamos chamá-la de hipótese niilista. Se não existem, então seu segredo é que já não há nenhum segredo para se descobrir, que o interior da tradição dos vencedores, assim como o centro da máquina mitológica do poder com a qual ela se mantém em movimento, está *vazio* ou, diria Agamben, que todo o barulho da máquina serve apenas para ocultar a inoperosidade da existência humana. Se for assim, ao observar as operações do poder, não devemos pensar que ele remonta a uma realidade primeira, que além ou dentro dele esteja o verdadeiro sentido da lei. As ações do poder se referem simplesmente a si mesmo, mas possuem em compensação uma faculdade encantatória e Kafka no fundo sugere, insinuando a dúvida sobre a existência das leis, um método para se subtrair à sua fascinação mágica. Dessa maneira, podemos pensar que não existem nem mesmo as famosas "leis do capital", mas somente modos de agir dos capitalistas que produzem determinadas situações, práticas encantatórias que produzem trabalhadores, consumidores ou simplesmente desesperados.

A parábola continua mencionando um "pequeno partido" que de fato sustenta essa opinião, ou seja, a de que as leis na realidade não existem e que a única coisa certa em relação a elas e que "se existe uma lei, pode ser apenas esta: lei é aquilo que a nobreza faz". O suposto segredo das leis não é outro. Para o pequeno partido, todo o conjunto das leis é apenas um acúmulo de "atos arbitrários", quer dizer, de atos de violência, exatamente aquela violência mítica que Walter Benjamin define como a que "põe o direito": "as nossas leis" são fruto de um poder constituinte que se afunda no nada. Mas Kafka também põe em questão a "tradição popular" seguida pela "maioria do povo", já que ela "confere ao povo, no que se refere aos acontecimentos futuros, uma segurança falsa, falaz, que leva à leviandade" ao sustentar que a lei de fato existe. Mas para se reapropriar dela é necessário estudar sua história, sua tradição, até o dia em que tanto a tradição quanto o seu estudo cheguem a um fim, e será somente nesse dia que tudo se esclarecerá e a lei poderá pertencer ao povo e somente a ele, enquanto aqueles que antes a detinham desaparecerão porque não haverá mais nenhum segredo com o qual nutrir a sua autoridade. O problema mais grave dessa tradição toda orientada *para o futuro* é constituído pelo fato de levar o povo, no qual se reconhece o narrador, a odiar a si mesmo: "odiamos nós mesmos porque ainda não podemos ser dignos da lei". Por isso alguns sábios que ninguém escuta dizem que o dia do Juízo não nos espera no futuro distante, mas está presente em cada instante da nossa vida, quando não a reconciliação, mas a "tempestade do perdão"[51] destrói toda maldade.

---

[51] BENJAMIN, W. *Il significato del tempo nel mondo morale* [fr. 71] em BENJAMIN, W. *Opere complete VIII. Frammenti e paralipomena.* Trad. it. G. Schiavone. Torino: Einaudi, 2014, pp. 93-94.

O CAPITALISMO É A HISTÓRIA
MAIS DO QUE CENTENÁRIA

DE ILEGALISMOS QUE SE TRANSFORMAM EM LEIS.

12.

Ambas posições evocadas por Kafka têm suas razões que frequentemente se misturam em diferentes medidas. O pequeno partido tem razão ao insinuar que, não tendo existência, as leis são reconduzíveis a atos de violência arbitrária, e a maioria do povo tem razão quando diz que as leis existem *enquanto* funcionam e que, portanto, é preciso estudá-las, descobrir seu mecanismo para poder expropriá-las de seus detentores. Trata-se de duas táticas preciosas, mas que devem compor uma série estratégica que inclua em seu meio o gesto destituinte.

A tática do pequeno partido é um primeiro movimento que, constatando a anarquia do poder, faz derivar disso a contestação pontual de seus atos. É a primeira tomada de distância em relação ao mundo das leis, a negação que leva a um antagonismo com o poder, tratando-se substancialmente da tradição política dos subalternos. O estudo da lei é, ao invés, como o próprio Kafka mostrou no conto de Bucéfalo,[52] o que convém fazer somente *depois* da sua destituição e dissolução na *vida*.[53] Vejamos então no que consiste a hipótese kafkiana em relação a esse

[52] KAFKA, F. *Il nuovo avvocato* em KAFKA, F. *Tutti i racconti, op. cit.*, p. 179.

[53] Cf. AGAMBEN, G. *Stato d'eccezione. Homo sacer*, II, 1. Torino: Bollati Boringhieri, 2003, pp. 81-83.

ponto médio, mas absolutamente decisivo, que é a destituição. De fato, prossegue o conto kafkiano, há algo que tanto o pequeno partido quanto a maioria do povo compartilham e que os impede de resolver definitivamente a questão das leis: ainda que o primeiro negue a realidade da lei e o segundo acredite poder um dia solucioná-la, ambos reconhecem "plenamente a nobreza e o seu direito de existir". Talvez as leis não existam ou possam mudar de mãos, mas nenhuma dessas duas posições discute o poder enquanto tal, ou seja, a *essência* que acreditam reconhecer por trás das ações de seus ministros. No fundo, trata-se de uma posição que podemos facilmente encontrar em quase todos os movimentos contestatórios. Por outro lado, o contrário é verdadeiro, já que, escreve Benjamin, os funcionários e os pais, dois dos principais ministros da lei, são parasitas que não consomem apenas as forças de seus súditos, mas também o direito que têm à existência.[54] Assim, os nobres só podem existir graças à expropriação da existência do povo.

Aqui está em questão um tipo de prova ontológica da existência do poder: se o poder *é algo*, então continuará a *ser* ainda que a lei, ao término da interpretação e na passagem à práxis, passe para as mãos do povo: é a história do socialismo real, de muitos marxismos e de

[54] BENJAMIN, W. *Franz Kafka, op. cit.*, p. 278.

sua obsessão com o governo. Mas mesmo que se negue a existência e, portanto, a validade da lei, ela não poderá ser verdadeiramente destituída até que se acredite em uma essência do poder que se encarnaria na existência de certos indivíduos: é a história do anarquismo histórico, da sua paranoia em relação ao poder e da sua crença tão ocidental no indivíduo. Dessa forma, não basta dizer que a lei não tem sentido e que é uma trapaça, sendo necessário afirmar o não-ser do poder e que o verdadeiro segredo do governo está no fato de que ninguém, mesmo quem se opõe à lei, coloque em discussão a própria existência do poder. Assim, a verdade não está no fato segundo o qual quem governa *é* ou *tem* o poder, mas que a lei consiste exclusivamente nos seus *atos*, o poder não é mais do que um conjunto de acidentes que se tornam lei. *Contudo, ninguém discute sobretudo a existência do poder porque isso significaria negar a própria existência enquanto sujeito*: "nós vivemos sobre a lâmina desta faca", anota amargamente o narrador. Dito com outras palavras: a existência do poder é também a existência de todos e de cada um como sujeitos, se deixamos de crer na existência de um o mesmo acontecerá com a existência do outro e é isso que custa muitíssimo tanto politicamente quanto existencialmente. É o que Kafka, terminando o conto, exprime do seguinte modo: "Certa vez um escritor resumiu a situação assim: a única lei visível e indubitável que nos é imposta é a nobreza. Será que deveríamos nos privar dessa única lei?". A questão das leis é a questão do sujeito. Nesse sentido, a revolução é uma questão mais antropológica do que estritamente política.

13.

A posição de um niilismo revolucionário poderia ser esta: o governo das leis não está na origem de tudo que foi e de tudo que vem, ao contrário, a máquina é que foi construída como reação à anarquia das formas-de-vida e que, apropriando-se da sua potência, as deforma dando vida a uma anarquia infernal. Por isso – Kafka lança o desafio – somente um partido que não apenas negue a existência das leis, mas que afirme que *o poder não é*, poderia vencer a mentira e "obter a adesão de todo o povo". A verdadeira limitação, que nós mesmos enquanto sujeitos constituímos, está, portanto, em não ir até o fim da negação, ali onde jaz a afirmação há muito tempo enterrada sob os estratos da tradição. Se é verdade que a *única* lei está no exercício difuso do poder, ou seja, nos *sujeitos* e em suas *ações*, como podemos nos privar dela com as nossas próprias mãos? Parece lógico neste ponto insinuar que é apenas destituindo a nós mesmos enquanto sujeitos que poderemos acessar a destituição do poder, ou melhor, que as duas operações na realidade são uma só. É por isso que Kafka respondia aos seus amigos, que o interrogavam sobre a possibilidade da esperança, que ela existe, *mas não para nós*.

O problema que Kafka nos confia nessa parábola está no fato de que aqueles que desejam fazer uma revolução ou que esperam o futuro podem sem dúvida contestar a existência da lei ou estudar seus modos para que ela finalmente possa acabar nas mão do povo, mas se não conseguirem iluminar a fratura entre pré-história, origem das leis e a dupla tradição que se reflete no presente, o poder continuará a subsistir, o direito renascerá de novo como instrumento de domínio. Assim, a única maneira para destituir as leis é negar ao poder o estatuto do *ser*. O poder não *é*, o poder *funciona*, é composto por indivíduos que *fazem* coisas. Não há nenhuma legitimidade transcendente nem necessidade imanente. A insurreição destituinte é o conjunto das práticas profanatórias que destituem não uma essência, mas o fazer, é o gesto impessoal que desativa as obras do poder. A única política revolucionária é aquela que abre mão de todo sujeito e que, desse modo, destitui a própria política.

14.

Por fim, devemos contornar o problema que Kafka coloca com ironia em relação ao partido revolucionário:

é claro que não é possível constituir *a priori* nenhum partido, sendo antes uma experiência comum que o partido se constrói por meio dos gestos revolucionários que ressoam entre si. O partido não é uma substância, nem um sujeito, não é uma máquina de guerra e nem mesmo a expressão de uma vontade. O nosso partido é composto pelas experiências, pela intensidade, por afetos que se transformam em meios materiais, espirituais e guerreiros que pouco a pouco se compõem em uma forma-de-vida que tem valor estratégico. A única vanguarda possível desse partido Kafka a reconhece – em outro conto do mesmo ano e que põe as mesmas interrogações[55] – na classe dos jovens dos dezessete aos vinte anos porque vê neles a ausência de qualquer ideologia, ainda que revolucionária, e a presença em seus espíritos de uma desconfiança natural em relação aos ministros da lei. Mas também porque neles está viva a chama da amizade que põe a perder as pequenas revoltas, mas que vence as revoluções, já que, escrevia o jovem Kafka em uma carta a Max Brod: "Uma massa ligada pela amizade só é necessária nas revoluções, quando todos agem em uníssono e com simplicidade, mas se há uma pequena

---

[55] KAFKA, F. *La supplica respinta* em KAFKA, F. *Tutti i racconti, op. cit.*, pp. 325-328.

revolta sob a luz difusa ao lado de uma mesa, acabam se resignando a não realizá-la".[56]

Finalmente, e sobretudo, o partido não deveria jamais se transformar em uma organização que organiza os outros, mas antes ser e permanecer ele próprio algo semelhante a uma lenda, uma lenda que se comunica de boca a boca, de coração a coração, de corpo a corpo. Apenas assim o partido revolucionário conseguirá evitar se tornar um dos muitos lugares da lei.

Se adotamos o ponto de vista do partido de Kafka – que é *aquilo que resta* entre o pequeno partido e a maioria do povo –, aqueles que nos governam não terão nenhuma legitimidade, e isso não tanto porque as suas leis são mentiras, mas porque agem a partir de um princípio vazio que postula como necessária a existência das leis: se o poder *é*, então ele *deve* ser exercido da única maneira que *pode*, ou seja, mediante o governo por meio da lei, visto assim como a única relação possível entre sujeitos. Mas é falso que não exista um fora do poder e é falso que podemos existir somente enquanto sujeitos. Por isso uma verdadeira revolução seria apenas a que declarasse que nenhum poder, nem passado nem futuro, existe de verdade, e que aqueles que o exercem se apoiam não no ser, mas em um nada que se exprime

[56] BROD, M; KAFKA, F. *Un altro scrivere. Lettere 1904-1924*. Trad. It. M. Rispoli e L. Zenobi.Vicenza: Neri Pozza, 2007, p. 30.

produtivamente na violência constituinte. Na primeira página do seu primeiro número, Tiqqun grafa a frase "nadificar o nada", que poderia muito bem ser o lema inscrito na bandeira do partido kafkiano. A lenda desse partido pode somente sugerir como realizar essa nadificação, não podendo afirmar nada seguro sobre o que é e como será *depois*, o que só pode ser observado a partir da pré-história, do pré-mundo, ou seja, poeticamente.

15.

O *slogan* que, surgido na Argentina e que há vinte anos percorre o mundo – *¡que se vayan todos y que no quede ninguno!* ("que todos partam e que não permaneça nenhum!") –, não pode então ser entendido como um aviso de demissão dirigido à atual classe dirigente para depois, inevitavelmente, se formar outra. É um potente verso da lenda revolucionária que nega ao governo e a nós mesmos, enquanto partes incluídas produtivamente dentro dele, a própria possibilidade de *existir*, e é por isso que essas palavras se tornaram a cifra comum de todos os movimentos revolucionários contemporâneos, palavras que não devem ser interpretadas, mas assumidas literalmente: todos os "nobres" devem ir embora e ninguém tomará o seu lugar, não existe nenhuma *necessidade* do poder, mas apenas uma agora decadente tradição que a postula. Este é o horizonte estratégico dentro do qual é possível pensar a destituição das leis e a destruição da porta da justiça, o que é um fato extremamente prático.

Diante desse horizonte compreendemos a verdade, tão divertida quanto trágica, de um estranho aforismo de Franz Kafka, um dos maiores comunistas de todos os tempos: "O momento decisivo da evolução humana é perpétuo. Por isso os movimentos espirituais revolucionários que declaram nulo tudo que pertence ao passado têm razão, dado que nada aconteceu ainda". Nessa interrupção do nada se cumpre toda interpretação e toda escritura.

IL PARTITO DI KAFKA

La tradizione che prende così il predominio tende così poco a rendere accessibile ciò che essa "tramanda" che, innanzi tutto e per lo più, piuttosto lo copre.

(M. Heidegger, *Essere e tempo*, § 6)

1.

In un breve racconto di Kafka del 1920 intitolato *La questione delle leggi*[57] si narra, con una spirale di parole che sembrano provenire dal diario dell'abitante di uno sperduto villaggio, cosa potrebbe voler dire la destituzione delle leggi e cosa ne abbia impedito finora la realizzazione.

Sebbene Kafka cominci col scrivere «Le nostre leggi», non v'è alcun modo di localizzare il racconto in un particolare paese, né è indicata una data o anche un'epoca per cui sia possibile collocare storicamente la narrazione, quindi non possiamo far altro che supporre che quelle leggi siano le «nostre» in quanto abitanti generici dell'Occidente e che il loro «tempo» sia antico *e* attuale quanto la stessa civiltà occidentale. Di quali leggi si tratta? Anche qui c'è una opacità di fondo circa il loro carattere e pure in questo caso non possiamo che pensare si tratti non

---

[57] F. Kafka, *La questione delle leggi*, in Id., *Tutti i racconti*, a cura di E. Pocar, Mondadori, Milano, 1976, pp. 329-330.

tanto di un particolare *corpus* giuridico, ma delle leggi in quanto princìpi della vita politica della *nostra* civiltà.

Questo scritto è come se completasse la più famosa e ben più commentata parabola kafkiana che porta il titolo di *Davanti alla legge*, quasi ne fosse uno scolio. Per ciò che riguarda il suo stile, seguendo la pista che in tanti hanno percorso, potremmo dire si tratti di un *midrāsh*, il commento che i saggi ebrei fanno ai libri santi. Tuttavia Kafka, come è noto, non si rifà alla tradizione halachica, attraverso la quale i rabbini codificarono le leggi, ma usa la modalità aggadica, cioè una forma poetica, quella della leggenda, evitando in tal modo che la propria scrittura potesse funzionare anch'essa come legge – Andrea Cavalletti, nella postfazione al fondamentale saggio di Bialik, definisce efficacemente questo modo di procedere come «un'affermazione […] priva di autorità».[58] Da tutto ciò possiamo da subito apprendere alcune cose: oltre a indicare che l'uso che facciamo della scrittura è sempre un prendere posizione davanti alla legge, Kafka ci mostra la possibilità di uno stile di scrittura destituente. Infine e tenendo presente, per il nostro prosieguo e già come suo compimento, che questo procedere rimanda direttamente allo *studio* come pratica messianica, in questo più simile al gioco che non alla

---

[58] N. Bialik, *Halachah e aggadah. Sulla legge ebraica*, a cura di A. Cavalletti, trad. it. di D. Messina, Bollati Boringhieri, Torino, 2006, p. 50.

severa disciplina scolastica, potremmo concluderne che se il dare forma poetica al linguaggio è, parafrasando Fortini, omologo alla formalizzazione della vita che è «*il fine e la fine del comunismo*»,[59] allora veramente rivoluzionario è solamente quel movimento che porta questi due esercizi di formalizzazione alla loro coincidenza.

2.

Nonostante Max Brod, sarebbe un errore schiacciare su di un registro esclusivamente religioso gli scritti di Kafka i quali hanno una valenza secolare esattamente nella misura in cui mettono in crisi quel paradigma usando le sue stesse armi. Opporre in maniera netta le due dimensioni, religiosa e secolare, è un altro rischio ancora, che è quello di non comprendere ciò che appare nel mezzo, cioè la sua dimensione *profana* che, in quanto si confronta direttamente al sacro, è differente tanto da quella religiosa che da quella puramente secolare. Profanità che è sempre la dimensione più importante per la nostra vita ma che, proprio a causa della sua collocazione, sovente sfugge alla nostra intelligenza. Tuttavia da questo punto mediano, seppure Kafka non offra alcun

[59] «L'uso letterario della lingua e omologo a quell'uso formale della vita che e il fine e la fine del comunismo», in F. Fortini, *Verifica dei poteri. Scritti di critica e di istituzioni letterarie*, Il Saggiatore, Milano, 2017, p. 162.

indizio circa il luogo e il tempo dal quale emerge la voce del narratore, sentiamo con certezza che egli parla a *noi*. Questa leggenda, come tutte le vere leggende, non ci indica nessun altro luogo e nessun altro tempo diversi da quelli in cui siamo.

In questo senso Kafka condivide molte delle qualità di un archeologo nel senso in cui Giorgio Agamben intende tale figura, ovvero qualcuno che cerca di indagare l'origine di un fenomeno, il suo «punto d'insorgenza», le tradizioni a cui dà vita e la frattura che vi è tra l'uno e le altre, non al fine di riporre quel fenomeno originario nella tomba del suo presunto passato storico ma per farne brillare la presenza *qui e ora*. Ma Agamben aggiunge qualcosa di cruciale e cioè che «l'operazione sull'origine è, nello stesso tempo, un'operazione sul soggetto».[60] È questa doppia operazione che ha fatto di Kafka un archeologo fallimentare, un giocoso «assistente» del suo e del nostro magnifico fallimento.

Walter Benjamin diceva che Kafka pensasse per *ere* e non per *epoche*. Ma l'era delle leggi di cui ci parla Kafka non può evidentemente avere origine giusto nel 1750, a partire dalla rivoluzione industriale e la diffusione del capitalismo, che è il «punto d'insorgenza» di un'epoca che è solo uno degli ultimi strati di un'era geospiritua-

---

[60] G. Agamben, *Signata rerum. Sul metodo*, Bollati Boringhieri, Torino, 2008, p. 90.

le cominciata molto prima, quando le leggi d'Occidente furono istituite. La modernità compiuta, di cui Kafka viveva gli albori, indicherebbe invece l'epoca del loro collasso, la soglia sorpassata la quale cominciano a vacillare le fondamenta del nostro mondo, introducendoci a quella che Reiner Schürmann chiamerà l'epoca an-archica.

Tuttavia Kafka, a partire da quest'epoca che è anche la nostra, pare sempre alludere a una sua preistoria – quel tempo in cui, scriveva Benjamin, «leggi e norme definite rimangono, nella preistoria, leggi non scritte».[61] Questa preistoria è un mondo più originario di quello mitologico e tuttavia non è qualcosa che sarebbe «prima della storia», è un tempo impossibile da determinare cronologicamente proprio perché pulsa *ancora* nelle nostre vite e interiormente alla storia. Benjamin infatti lo chiama anche «premondo – il presente segreto di Kafka»,[62] uno speciale tipo di presente che lo stesso Agamben indica come ciò di cui in realtà si occupa l'archeologia del pensiero. La scrittura delle leggi, la loro «istituzione» e i veli della storia che nel tempo gli si avvolgono attorno, appaiono in tal senso come un gioco di prestigio attraverso cui viene nascosta la loro preistoria, in maniera da rendere impossibile ogni sua comprensio-

---

[61] W. Benjamin, *Franz Kafka*, in *Angelus novus. Saggi e frammenti*, a cura di R. Solmi, Einaudi, Torino, 1995, p. 278.

[62] Ivi, p. 258.

ne. Il metodo archeologico del quale Giorgio Agamben si serve è esattamente quello che si preoccupa di afferrare questa preistoria del presente, attraverso lo scarto tra il punto d'insorgenza di un fenomeno e la lunga vicenda dei saperi e dei poteri che si sono in seguito sviluppati sopra quel punto, cioè le «tradizioni» alle quali hanno dato luogo e che, a sentire Kafka, è proprio ciò attorno e per la quale si è prodotta l'attuale confusione.

3.

Il presunto mistero delle leggi è fin dalle prime righe dell'apologo gettato davanti al nostro sguardo: «Le nostre leggi non sono purtroppo universalmente note, sono un segreto di quel piccolo gruppo di nobili che ci domina». Con le parole del recente movimento *Occupy* potremmo dire che sono il segreto dell'1% a cui obbedisce il 99%. Quest'idea, spinta fino alla follia, in fondo è anche quella che sta alla radice di tutti i cospirazionismi contemporanei.

La primissima questione che Kafka ci sottopone, dunque, consiste nel mettere in evidenza uno scarto epistemologico esistente tra quel 1% che comanda, in tanto che ha conoscenza del segreto delle leggi, e il resto che gli obbedisce, in quanto lo ignora. Non sarà inutile richiamare qui l'etimologia della parola «segreto», dal latino *secretum*, participio passato del verbo *secernere* cioè «separare e mettere da parte», che è l'attività tipica dell'amministrazione del sacro in tanto che concerne quelle cose «sottratte al libero uso e al commercio degli uomini».[63] Cosa che ci rammenta che ogni potere legislativo, per quanto si presenti in vesti laiche e secolari, porta con sé un dispositivo religioso. Ai rivoluzionari infatti resta sempre e comunque da pensare il *loro* rapporto con il sacro e la sua forma istituzionale, cioè la religione. Agamben a suo tempo ha indicato nella *profanazione* il mezzo attraverso il quale neutralizzare quella particolare azione che è il sacro e così togliere il «segreto» che sta a sigillo di ogni religione, compresa quella capitalista. Tiqqun, a sua volta, parlò del Comitato Invisibile come di una «società *apertamente* segreta/una cospirazione pubblica»[64] contro questo mondo, una tendenza sovversiva priva cioè di paramenti sacrali-religiosi ma animata da una profana spiritualità. La profanazione insomma a me pare sia quell'operazione che, disattivando il sacro come attività istituzionale di interdizione dell'uso, destituisce tanto la dimensione religiosa quanto quella secolare.

---

[63] G. Agamben, *Elogio della profanazione*, in *Profanazioni*, Nottetempo, Roma, 2005, p. 83.
[64] Tiqqun, *Teoria del bloom*, Bollati Boringhieri, Torino, 2004, p. 125.

Tornando a Kafka tutto pare indicare, all'inizio, che la differenza tra «nobili» e «popolo» possa essere ricondotta a un problema di ampiezza del punto di vista a disposizione. E indubbiamente c'è del vero in questo, nel senso che chi esercita il potere ha sempre cercato di arrogarsi il punto più alto dal quale mirare e dominare il mondo senza essere visto: torri, castelli, grattacieli, astronavi, droni. In breve potremmo dire che l'1% possieda una visione strategica che manca dolorosamente al restante 99% o ancora, come scrive il Comitato Invisibile,[65] che la differenza sussiste nel fatto che quell'1% è organizzato e quindi *ci* organizza, al contrario degli altri il cui compito profano è dunque quello di organizzar*si*, di guadagnare cioè un'autonomia della percezione *senza innalzare delle torri epistemologiche*.

4.

Il bandolo di questa situazione, nel ragionamento di Kafka, non risiede fondamentalmente nella possibilità o meno di interpretare le leggi – anche se, aggiunge il nostro, solo ad alcuni oggi questo è concesso – poiché «le leggi sono molto antiche, per secoli si è lavorato a interpretarle e anche questa interpretazione è già diventata

---

[65] Comitato Invisibile, *L'insurrezione che viene – Ai nostri amici – Adesso*, Nero edizioni, Roma, 2019, pp. 108-109.

legge; le eventuali libertà nell'interpretazione sussistono bensì ancora, ma sono molto limitate». Quella dell'interpretazione che si fa legge è, con ogni evidenza, parte essenziale della tradizione dei vincitori. È interessante che Benjamin scrivesse che Kafka «ha preso tutte le misure possibili contro l'interpretazione dei propri testi»[66] poiché, come si diceva al principio, la sua cura è sempre stata volta a evitare che la propria scrittura funzionasse come legge, così come un altro modo per ottenere tale risultato è il suo procedere per frammenti. Potremmo aggiungere che così facendo Kafka abbia anche evitato che attorno ai suoi testi si formasse un'ennesima tradizione. La possibilità di sfuggire alla tradizione dominante esiste, ci dice Kafka, ma è molto piccola, come piccola è la porta dalla quale entra il Messia. Riprendendo un recente testo di Agamben dedicato appunto all'interpretazione,[67] si direbbe che l'eventuale piccola, «limitata», libertà d'interpretazione che ci resta sia non nella continua decostruzione di ciò che è detto nella tradizione ma nell'esposizione di ciò che è non-detto anche se, e su tal punto il testo agambeniano è molto preciso, questo non significa che dobbiamo intendere questo non-detto come «un discorso esoterico segreto, la cui comunica-

---

[66] W. Benjamin, *Franz Kafka*, op. cit., p. 288.
[67] G. Agamben, *Principia hermeneutica*, in "Critique" n° 836-837, janvier/fevrier 2017, pp. 5-13.

zione sarebbe riservata agli adepti, ma come un non-detto interno al detto». Non è allora tanto la «conoscenza» bensì il «non-sapere» che gli è interno e che si articola con la prima che è cruciale per sconfiggere ogni segreto: l'importante non è il possesso del sapere ma la singolare disposizione al suo uso. E come suggerisce Agamben, in un passaggio del medesimo scritto, questo non vuol dire abbandonarsi all'interpretazione infinita, ma trascendere il significato storico di un certo fatto per elevarsi a una sua comprensione che coincide con «il compimento di ogni scrittura e di ogni interpretazione». E il tempo di questo esaurimento, che coincide con il venire del Regno, non è mai domani, il futuro, ma sempre l'*adesso*.

5.

In base alla tradizione dei vincitori anche coloro che non conoscono l'intimo significato delle leggi sono portati a esprimersi – linguisticamente, sentimentalmente, praticamente – nel quadro delle interpretazioni che nel corso del tempo sono diventate delle forme di legge, esse formano un dispositivo cioè che presiede anche alla cosiddetta «produzione della soggettività». Quest'ultimo sintagma è importante perché fa intendere che il soggetto non solo deve essere pensato, secondo le leggi d'Occidente, come qualcuno che *produce* qualcosa ma che, soprattutto, viene egli stesso *prodotto* da qualcos'altro.

Il soggetto della tradizione occidentale, divenuto il suo più straordinario non-luogo, è stato null'altro che il prodotto più prezioso delle leggi, tanto più prezioso in quanto è a lui che da sempre fu demandata la loro esecuzione. Senza la produzione di soggetti non ci sarebbero mai state delle leggi, nel senso in cui ancora oggi le intendiamo. Non è certo un caso che il fenomeno che Gershom Scholem, in un dialogo epistolare con Walter Benjamin, chiamò «l'ineseguibilità della legge»[68] trovi origine nel momento stesso in cui la storia – si era all'indomani della Prima Guerra Mondiale e ai prodromi della Seconda – si incaricava di mettere in questione la credibilità e la tenuta del soggetto occidentale. Fu, questo, un «punto d'insorgenza» ben presente a molti contemporanei, ad esempio a Thomas Mann, che ne *La montagna incantata* scrive, riferendosi alla storia che si apprestava a narrare: «la sua estrema antichità è data dal fatto che essa avviene *prima* del limitare di un certo abis-

---

[68] Cfr. la lettera di Gershom Scholem a Walter Benjamin del 17 luglio 1934 in cui Scholem, discutendo di Kafka, enuclea la sua teoria dell'ineseguibilità della legge e anche quella del 20 settembre 1934, dove si discute sempre di Kafka, che contiene la famosa sentenza scholemiana: la legge «*vige*, ma non *significa*», in W. Benjamin, G. Scholem, *Teologia e utopia. Carteggio 1933-1940*, trad. it. di A. M. Marietti Solmi, Einaudi, Torino, 1987, p. 146 e 162.

so che ha interrotto la vita e la coscienza dell'umanità...
avviene, o meglio, per evitare di proposito ogni tempo
presente, avvenne, è avvenuta una volta, in tempi lonta-
ni, negli antichi giorni del mondo, prima della Grande
Guerra, con l'inizio della quale ebbero principio tante
cose che avevano appena finito di cominciare».[69] Sembra che anche Mann parli di un qualche premondo, di
una preistoria e di un presente problematico quanto in-
conoscibile, e che lo spartiacque della Grande Guerra sia
stato insieme un punto d'insorgenza e un rovinoso compimento, una riflessione che ritroviamo diffusa ovunque
nella sensibilità dell'epoca: da Benjamin ad Artaud, da
Breton a Mann, da Hugo Ball a Carl Schmitt e tanti altri.

La crisi della legge è la crisi del soggetto e viceversa, la
perdita di senso dell'uno si specchia in quella dell'altra.
Ma crisi e perdita di senso non si tradussero nella loro
sparizione, al contrario, la legge e il soggetto sembrano
essere divenuti ancora più opprimenti di sempre e questo proprio grazie al fatto nichilistico per cui l'esistenza
della legge, scriveva Scholem, era ormai ridotta a una
«vigenza senza significato». E tuttavia il fatto che questo
mondo continui a funzionare ma sia privo di significato,
spiega perché esso sia percepito come un inferno ma anche, allo stesso momento, come un indizio messianico.

[69] T. Mann, *La montagna incantata*, vol. I, trad. it. di E. Pocar, Corbaccio-dall'Oglio, Milano, 1965, p. 5.

6.

La lunga storia dell'interpretazione delle leggi ha prodotto anche quella legge che postula l'impossibilità di superarle, proprio perché ciascuna interpretazione, anche quella più critica, rimanendo all'interno della tradizione – non importa si tratti di quella dominante o di quella subalterna – resta sempre nel sistema delle leggi riconfermandone così la vigenza, pur in un mondo che non ne riconosce più il senso. E *pour cause*: Marx in un celebre enunciato che ho sempre pensato essere parte di una sua polemica antirabbinica, disse che del mondo esistevano solo le interpretazioni ma non il mezzo della sua trasformazione. Tuttavia sappiamo bene che non solo l'interpretazione del mondo è divenuta legge, ma che anche il tentativo marxista della sua trasformazione si è concluso in una catastrofe e uno dei motivi è probabilmente nel fatto che, come scriveva Agamben alla fine degli anni settanta, una rivoluzione non ha da trasformare il mondo bensì il tempo.[70] Così, non solo la filosofia ma anche la prassi è entrata in una impasse epocale.

In ogni caso, qualsiasi interpretazione sarebbe comunque inutile per noi («il popolo»), in quanto il sistema delle leggi è stato originariamente creato a favore

[70] G. Agamben, *Infanzia e storia. Distruzione dell'esperienza e origine della storia*, Einaudi, Torino, 2001, p. 95.

della nobiltà, cioè dell'esercizio di un governo sugli uomini e le cose. Questo favore si spiega con il semplice fatto, scrive Kafka, che la nobiltà «sta fuori dalla legge». Questa posizione dei nobili rispetto alla legge ricorda quella che Furio Jesi assegna alla macchina mitologica: «La macchina mitologica è auto fondante: pone la sua origine nel *fuori di se* che è il suo intento più remoto, il suo cuore di pre-essere, nell'istante in cui si pone in atto. Questo presupponimento d'origine (il rimando al mito) è totalizzante: coinvolge tutti gli istanti e gli ambiti spaziali di funzionamento della macchina, poiché il *fuori di se* in cui la macchina pone la propria origine è il suo centro».[71] La legittimità di chi governa dipenderebbe insomma dal suo controllare la cerniera «sacra» che separa il dentro e il fuori della legge. Il popolo invece, sembra dirci logicamente Kafka, è assoggettato all'autorità dei nobili perché è originariamente e positivamente incluso nella legge e, proprio per questo, viene escluso *a priori* dalla possibilità di farne uso. La legge è probabilmente la cosa al mondo meno usabile, proprio in quanto *le leggi esistono per sospendere il libero uso* di ciò di cui si occupano. È come se quella sua posizione di forzata internità al sistema delle leggi impedisca al popolo di *vederne* il funzionamento che, in questo modo, gli appa-

[71] F. Jesi, *La festa e la macchina mitologica*, in Id. (a cura di), *La festa*, Rosenberg & Sellier, Torino, 1977, p. 197.

re come un «segreto». Esercita il potere allora chi, pur amministrandole, non deve rispondere a nessuna legge; ne è privo chiunque, pur non conoscendone affatto il contenuto, ne è soggetto. Tuttavia se un giorno accade che il popolo sia stato catturato e incluso nel sistema delle leggi, ciò significa che nel premondo esso ne era, e potenzialmente lo è sempre, assolutamente al di fuori.

È così che Kafka ebbe a descrivere, a suo modo, il paradigma dell'«eccezione» studiato negli ultimi vent'anni da Giorgio Agamben (l'inclusione attraverso l'esclusione e viceversa). Ciò che è «saggezza» per chi è al potere, ne concludeva Kafka, è in tal modo «tormento» per coloro che lo subiscono. E date le condizioni in cui ciò avviene, aggiungeva con un inciso sferzante, è forse «inevitabile» che possa essere solo così.

7.

È evidente che il dispositivo delle leggi serva ad includere nel governo qualcosa che di per sé ne è escluso, il popolo, ma il paradosso è che questo appare essere il solo soggetto pienamente legale e tuttavia illegittimo: grazie alle leggi, al popolo è infatti impedito di fare libero uso di sé. Infatti «le nostre leggi» democratiche dicono invariabilmente che il depositario della sovranità è il popolo ma allo stesso tempo esse presuppongono che i governatori – cioè i «nobili», come li chiama Kafka, definizione che indica bene il fatto che lo stato di diritto, il potere delle leggi, è un'invenzione della monarchia – pur non essendo formalmente i depositari della sovranità, siano coloro che legittimamente *decidono* su quello che è legge, oppure possono sospendere legalmente l'intero suo sistema adducendo il «principio di necessità». Dunque il popolo può essere incluso nel sistema solo nella misura in cui è allo stesso tempo prodotto come suo fondamento ed escluso dal segreto che ne governa il dispositivo, ovvero dalla possibilità di decidere su di sé. La menzogna della democrazia è tutta qui: proprio in quanto è il fondamento che viene *prodotto* a posteriori *da qualcosa che non e lui stesso*, il popolo non decide, quindi non è sovrano e mai potrà esserlo, poiché si tratta di un dispositivo costituito in maniera tale da produrre sempre una divisione nel suo seno: ci sarà sempre una parte del popolo inclusa (il Popolo) e una parte che, grazie a quella inclusione, ne sarà esclusa (il popolo o, se vogliamo, la plebe). Come scrive Agamben: «Tutto avviene, cioè, come se ciò che chiamiamo popolo fosse, in realtà, non un soggetto unitario, ma un'oscillazione dialettica tra due poli opposti: da una parte, l'insieme *Popolo* come corpo politico integrale, dall'altra, il sottoinsieme *popolo* come molteplicità frammentaria di corpi bisognosi ed esclusi».[72]

Anche la democrazia, quindi, costruisce il suo potere su di una divisione portata direttamente nel corpo vivente di una popolazione ma che, infine, la definisce come un regime politico fondato sull'assenza originaria del popolo e allo stesso tempo come la produzione di esso, poiché un popolo, come ogni soggetto, deve essere sempre prodotto in quanto tale, ma anche sempre mancante a se stesso, perché già diviso *ab origine*. A meno che il potere non decida di eliminare una volta per tutte il problema costituito da questa eccedenza che è il popolo o, meglio, dalla figura che in un determinato frangente storico lo incarna. Tentativi in questo senso, anche radicali, ce ne sono stati e continuano a essercene – il *Popolo* contro il *popolo* – ma il problema è che il potere stesso è prigioniero del sistema delle leggi e senza quello specifico dispositivo la sua stessa esistenza non sarebbe più tanto certa. La sicurezza del potere ha bisogno di una base di corpi differenziati sulla quale esercitarsi, cioè di un Popolo da difendere e di un popolo da cui difendersi. La domanda giusta da farci allora sarebbe forse: assumendo l'assenza originaria del popolo, come disfare, interrompere, destituire la sua produzione da parte del potere?

---

[72] G. Agamben, *Che cos'è un popolo?* In Id., *Mezzi senza fine. Note sulla politica*, Bollati Boringhieri, Torino, 1996, p. 31.

8.

La questione che l'insurrezione destituente pone è, certamente, quella del come scardinare e uscire dal sistema delle leggi ma ancor di più quella del come sia possibile farlo senza né rientrarvi immediatamente dopo – questione dell'*irreversibilita* – né rischiando di divenire «nobili», cioè quando gli insorti diventano a propria volta un potere governamentale – questione della *rivoluzione*. Una tale insurrezione sarebbe come una profanazione di massa, proprio in quanto essa destituirebbe il dispositivo sacro che secolarmente permette che vi siano dei «nobili» e dei «sudditi» e allo stesso momento opererebbe sulla temporalità facendo cortocircuitare passato e futuro nel presente.

Quella delle leggi assomiglia alla questione del lavoro il quale, per altro, costituisce una di quelle che hanno retto per secoli l'edificio della civiltà. Ci si chiedeva qualche decennio fa, bisogna liberare il lavoro o liberarsi dal lavoro? Per converso: liberare la legge o liberarsi dalla legge? La linea partigiana passa attraverso questo piccolo, «limitato», ma decisivo spostamento. È evidente che tutti i vari discorsi giuridici sui beni comuni addotti in tempi recenti dai teorici di sinistra sono per liberare la legge e non puntano certo a destituirla, mentre potrebbe essere altrettanto evidente il fatto che, ad esempio, esperienze come quella della repubblica della Maddalena in Val di Susa o la ZaD di Notre-Dame-des-Landes in Francia sono state innanzitutto un gesto di secessione dalle leggi che alludeva alla loro destituzione. Tutti i veri conflitti dell'oggi in definitiva mi pare si aggirino attorno a questo dilemma, poiché tutto nella vita è diventato lavoro come tutto è diventato legge.

La grande confusione sta nel fatto che, oggi, possiamo osservare come a una gigantesca profusione di norme, leggi insignificanti o assurde, corrisponda un altrettanto intenso stato di illegalismo diffuso a ogni livello della società, per cui non è mai chiaro a nessuno quando si è dentro e quando si è fuori dalla legge: i piani bassi lo sperimentano a seconda delle reazioni dei sensori governamentali sparsi ovunque nello spazio metropolitano, quelli alti nella lotta per l'appropriazione e il governo dei beni e delle vite. Il capitalismo, d'altronde, è la storia ultracentenaria di illegalismi che diventano legge. Non è una diagnosi nuovissima, tanto è vero che Kafka e altri già ne descrivevano i tratti nei primi decenni del Novecento. La novità è solamente l'emersione in superficie e su di un livello planetario di qualcosa che era *già* lì. Ma è perciò che *lì* bisogna tornare archeologicamente se vogliamo venirne fuori.

Il problema, per come lo presenta Kafka, non pare essere quello del come praticare l'*illegalita* da parte del popolo per liberarsi dalle leggi ma quello, ben più decisivo, della *sospensione del funzionamento* del dispositivo della legge, il quale funziona appunto mettendo continuamente in tensione i due poli costituiti dal legale – inclusione nella legge – e dall'illegale – esclusione dalla legge. Sebbene tutto si giochi sempre nell'ambiguità, oggi dovrebbe essere più chiaro a tutti che la lotta *molare* tra legalità e illegalità è molto più una lotta interna a quella che Kafka chiamava la «nobiltà» che una battaglia nella quale si affrontano due classi o due mondi contrapposti. Durante gli ultimi anni in Italia, ad esempio, il leader della destra, Berlusconi, è stato il campione dell'illegalità mentre la sinistra invece è stata l'alfiere della legge. Ma questa è solo una semplificazione locale di una situazione percepibile ovunque. Destra e sinistra sono i dioscuri che presidiano lo stesso campo, quello della governabilità. Entrambe sono cioè posizionate nel campo dei «nobili». La differenza è che la destra ha esibito in piena luce il fatto che il potere è sempre al di fuori della legge e *perciò* può incorporare qualsiasi forma di illegalità senza per questo sovvertire il sistema ma anzi rafforzandolo, mentre la sinistra continua a voler celare il «piccolo sporco segreto» considerando se stessa l'ordine sacerdotale delegata a proteggerlo. Per la sinistra l'illegalità è indicibile proprio perché essa ne gode quanto il suo presunto avversario e i suoi continui sforzi per legittimare il capitalismo, e legittimarsi ai suoi occhi, sono lì a dimostrarlo ampiamente. Possiamo anzi dire che è ormai una vicenda conclusa. Il sogno della sinistra infatti non è, o comunque non è più, quello del superamento o addirittura della distruzione del capitalismo, bensì quello di un capitalismo che si identifichi integralmente col sistema delle leggi. Quello che però è abbastanza certo è che nessun potere in carica ha mai provato timore per l'illegalità in sé, ciò che lo preoccupa veramente è quando intuisce che c'è qualcosa che inizia a trascendere la polarità leggi-illegalità. E l'unica cosa che può operare questo trascendimento sono delle forme-di-vita che si tessono in nuovi territori i quali cominciano solo *una volta che il campo delle leggi sia stato disattivato*. Se il fuori dalla legge per i nobili è l'illegalità, per il popolo è l'ingovernabile.

9.

Gilles Deleuze, nel corso dedicato a Foucault tenuto all'Università di Vincennes, si soffermò a lungo sulla questione legge-illegalità,[73] sostenendo fosse il punto più originale del metodo foucaultiano e che lo differenzia sostanzialmente dalla critica marxista. Infatti, cosa

[73] Lezione del 14/01/1986 (1): <http://www2.univ-paris8.fr/deleuze/article.php3?id_article=441>.

dice Deleuze? Che tutte le grandi teorie pensano il potere in funzione della legge in quanto istanza molare. Quindi l'opposizione molare diviene immediatamente quella della legge-illegalità, omologa a quella dominanti-dominati, e tutto viene fatto rientrare in una macrofisica del potere. Foucault, per contro, si interessa come sappiamo alla microfisica e introduce una demistificazione di quell'antagonismo, facendo apparire invece una complementarietà della legge e degli illegalismi, in quanto a lui appare chiaro che la legge sia la risultante degli illegalismi diffusi. Mentre l'illegalità presuppone l'esistenza di una legge a livello macrofisico, microfisicamente l'illegalismo non ne ha bisogno poiché è lui che produce il principio. La legge è fatta per vietare solo al livello macro – che è il livello dell'apparenza, dello spettacolo – ma in quello micro non è così, è il contrario. Se la legge esistesse solo per interdire e reprimere la sua storia sarebbe quella di una continua sconfitta, ironizzava Deleuze: le leggi non sono fatte per vietare bensì per differenziare la maniera di aggirarle. La legge non impedisce un comportamento, ma consiste in un sistema di norme che dicono a quali condizioni quel comportamento è ammesso. Deleuze fa tra gli altri l'esempio estremo della legittima difesa, cioè di una legge che codifica i termini per cui l'azione che più si immagina vietata, cioè l'uccidere, diviene possibile secondo la legge. In ogni caso non esiste *la* legge, insiste Deleuze, ma *le* leggi come anche si deduce dal titolo della parabola kafkiana – mentre l'altro racconto, *Davanti alla legge*, ne mostra lo statuto fittizio. E gli illegalismi che producono le leggi servono a compensare da un lato la classe dominata e dall'altro a permettere il dominio di classe. La legge non è altro che la ripartizione degli illegalismi che crescono all'ombra di qualche altra legge e così via. È sulle scene di questo teatro segreto che si celebra il matrimonio tra nobili e Popolo, mentre il «teatro di Oklahoma» di Kafka appare come quello della sua destituzione.

10.

Dicevamo che il popolo, al contrario dei nobili, è sempre incluso nella legge ed è perciò che anche quando riesce temporaneamente a sfuggirli senza per questo mettere in discussione il dispositivo – ad esempio con un'azione illegale che rivendica un diritto – il massimo risultato raggiungibile è quello dell'immediata inclusione di quella determinata pratica in una legge che interdirà il libero uso della cosa in oggetto, il minimo è ciò che accade di solito, ovvero la sua esclusione attraverso l'applicazione della legge, cioè tramite ciò che comunemente viene chiamata la «repressione». Molto spesso abbiamo assistito in successione all'attivazione prima della seconda e poi della prima tecnica di esclusione includente: sanzione dei trasgressori e quindi recupero dell'anomia all'interno del dispositivo, l'illegalismo diventa legge rafforzando così il sistema. Il «significato» della legge arriva quindi solo *a posteriori*, come sanzione, come violenza che protegge il suo segreto e quindi come incorporazione del fuori che pone il «nuovo diritto». Ma ormai si è raggiunta una soglia per la quale tutto viene giuridificato perché tutto è sostanzialmente illegale e tutti sono potenzialmente dei criminali, per cui il dispositivo si è come imballato e pare non esserci più una reale distinzione tra repressione e diritti.

La discussione che venti anni fa coinvolse i centri sociali occupati italiani tra i fautori della loro legalizzazione e i contrari a me pare mancò del tutto il suo vero oggetto, che non era banalmente quello di opporre i "puri" ai "venduti", ma quello del *come* si affronta strategicamente un potere e, a seconda di questo come, capire cosa si *diviene*. Ciascuno può fare l'esperimento di guardare oggi cosa sono divenuti i vari protagonisti dell'epoca e tirarne qualche considerazione interessante. Alla povertà etica dei "venduti" fa riscontro l'impotenza dei "puri" che, proprio per aver feticizzato la questione dell'illegalità, non sono riusciti a esprimere una vera via d'uscita. I soli che hanno sciolto affermativamente la questione sono forse coloro che nel tempo hanno cercato altre vie, altre forme, altri luoghi che sfuggissero a quella tenaglia morale. Sono cioè coloro che hanno *interrotto* il dispositivo e hanno scorto in tal modo altre possibilità di vivere e lottare.

Alle due tecniche che abbiamo elencato dobbiamo infatti aggiungerne una terza, la più importante, frutto dell'interazione tra quelle due tecnologie di governo, cioè quella della produzione di una soggettività. Non importa l'aggettivo che l'accompagnerà – radicale o normale, ribelle o governativa –, quello che veramente importa in questa operazione è che il soggetto interagisca col dispositivo una volta che questo lo abbia prodotto in quanto tale. Il vero significato di quella che i movimenti chiamano «lotta alla repressione» non dovrebbe essere allora quello di un conflitto per cambiare o appropriarsi delle leggi e nemmeno quello di distruggerle, ma di una forma del conflitto che invece di entrare nel dispositivo lo tenga a distanza il più possibile, lo disperda e che miri così a svuotarlo della sua forza. Se è vero, come sostiene Foucault, che la repressione è la forma terminale del potere, il suo caso limite, logicamente allora bisogna cominciare ad intervenire a monte per svuotarne l'efficacia. La solidarietà, ad esempio, non è qualcosa che nascerebbe forzatamente *a posteriori* di un atto repressivo, come purtroppo di solito accade, bensì una forza che va pensata come uno degli *a priori* della possibilità di destituzione della legge. La repressione, ciò non è affatto un segreto, funziona al suo meglio quando ha di fronte la miseria etica ed affettiva. Se le nostre barricate non sono costituite da delle forme-di-vita, resisteranno il tempo di una carica nemmeno troppo violenta. Quella contro la repressione – la quale, come abbiamo visto, è in realtà un'operazione che ha come scopo la produzione di una soggettività – è una lotta necessaria ma quasi sempre inefficace non tanto per la scarsa incisività giuridica ma perché, nello sforzo antagonistico di contrapporsi all'effettualità della legge o mostrarne l'ingiustizia, si finisce inevitabilmente per legittimarne il dispositivo o con la resa oppure tramite la creazione di un soggetto ribelle che rientra comodamente nella dialettica del potere. Per questo una lotta vincente contro la repressione sarebbe solo quella che metta strategicamente la legge nell'impossibilità di funzionare, cioè di *decidere*, agendo tutte quelle pratiche – legali o illegali, non importa affatto evidentemente – che possano rendere inoperante il dispositivo attraverso il quale si esercita il potere. Ad esempio scomparendo in quanto «soggetti».

Tatticamente è ovvio che il popolo pratichi l'illegalismo così come deve potersi difendere davanti alla legge, lungi qualsiasi atteggiamento disfattista in questo senso, ma né l'illegalismo in sé né tanto meno il diritto possono rivestire un significato strategico.

11.

La prima difficoltà si diceva riposi nel fatto che il meccanismo che fa funzionare queste leggi, che nel racconto di Kafka sono quasi subito appellate di «apparenti», consiste nella credenza che esse esistano da così tanto tempo in modo che è la loro stessa antichità a legittimarne l'attuale presenza, ma anche che, a causa di ciò, esse possano essere affidate solo a chi ne possiede da sempre il «segreto» e dunque esercita il potere. Legge e potere sono dunque racchiusi, tramite il segreto, in un cerchio che si apre *eccezionalmente* includendo il suo Popolo e allo stesso tempo escludendone uno: questo e niente altro è ciò a cui si dedica quotidianamente il governo.

Come si può rompere questa circolarità? È a questa domanda che Kafka cerca di rispondere nella seconda parte del racconto.

I movimenti rivoluzionari che vengono dal popolo da sempre hanno studiato gli uomini del potere, le loro parole e i loro gesti per cercare una via d'uscita possibile: «se noi del popolo, da tempi antichissimi osserviamo attentamente le azioni della nobiltà, se possediamo a questo proposito rapporti scritti dei nostri progenitori e li abbiamo continuati coscienziosamente e reputiamo di riconoscere in casi innumerevoli determinate direttive che permettono di risalire a qualche disposizione storica, e se in base a queste deduzioni accuratissime vagliate e ordinate cerchiamo di organizzarci in qualche modo per il presente e l'avvenire: tutto ciò è estremamente incerto e forse soltanto un giuoco dell'intelletto». Questa è con ogni evidenza la descrizione di buona parte della tradizione degli oppressi che porta in sé, come uno dei suoi non-detti, il fatto che se è vero che una rivoluzione deve occuparsi di distruggere la confusione creata dalla tradizione, tanto più non può risparmiare la propria di tradizione.

Si è pensato infatti, e si continua a farlo, che solo osservando come vivono i potenti verremo a capo della questione delle leggi, comprendendo in cosa realmente consistano e quindi potremo riconfigurare la nostra vita in base a questa conoscenza. Ma questa è una tradizione di pensiero e di azione che contiene molti rischi, oltre al fatto che, come suggerisce Kafka, pare un «giuoco dell'intelletto», ovvero un'ideologia. Uno dei rischi è ad esempio quello che operando in tal maniera, cioè osservando la vita dei nobili, dopo un po' di tempo veniamo posseduti dalla visione e iniziamo a pensare come loro, a parlare come loro e a imitare la loro forma di vita mentre dimentichiamo di occuparci della nostra. Questa è propriamente una delle possibilità *magiche* attraverso cui agisce il governo sugli uomini, in particolare per mezzo dello spettacolo. Ogni dispositivo possiede questo potere incantatorio poiché ogni azione è suggerita, modellata, prodotta, tramite l'adeguamento per contatto al funzionamento normativo che il dispositivo impone a ciascun individuo, depurandolo di ogni altro gesto possibile. Il cittadino è ormai questo guscio vuoto attraverso il quale passano i discorsi e le azioni del governo, ma è anche la materia vivente che conduce quello stesso potere a circolare nella metropoli della quale i cittadini sono letteralmente l'infrastruttura principale. Per questo l'ormai celebre slogan che ci invita a «bloccare i flussi» deve essere inteso anche, se non soprattutto, come un invito a bloccare quelli interiori a ciascuno di noi. Questione interessante, ma Kafka ci porta più lontano.

Infatti dice Kafka, chiudendo la frase appena citata e problematizzando il tutto in una maniera che non sapremmo dire se più comica o drammatica, che la vera questione sta forse nel fatto che «queste leggi che noi cerchiamo d'indovinare non esistono». Chiamiamola l'ipotesi nichilista. Se non esistono allora il loro segreto è che non c'è nessun segreto da scoprire, che l'interno della tradizione dei vincitori, come il centro della macchina mitologica del potere con la quale questo si mantiene in movimento, è *vuoto* o, direbbe Agamben, che tutto il chiasso della macchina serve solo a occultare l'inoperosità dell'esistenza umana. Se così fosse, osservando le operazioni del potere non dovremmo pensare che esse rimandino a una realtà primaria, che oltre o dentro di esse vi sia il vero senso della legge. Le azioni del potere rimandano semplicemente a se stesse ma possiedono, in compenso, una facoltà incantatoria e Kafka in fondo suggerisce, insinuando il dubbio sull'esistenza delle leggi, un metodo per sottrarsi alla loro fascinazione magica. Possiamo pensare dunque che non esistano neanche le famose «leggi del capitale» ma solo dei modi di agire dei capitalisti che producono delle determinate situazioni, delle pratiche incantatorie che producono dei lavoratori, dei consumatori o semplicemente dei disperati.

La parabola continua menzionando un «piccolo partito» che infatti sostiene questa opinione, cioè che le leggi in realtà non esistano e che l'unica cosa certa al riguardo sia che «se esiste una legge, può essere soltanto questa: legge è ciò che fa la nobiltà». Il presunto segreto delle leggi non è altro che questo. Per il piccolo partito tutto l'insieme delle leggi è solo un cumulo di «atti arbitrari», cioè di atti di violenza, esattamente quella violenza mitica che Walter Benjamin definisce come quella che «pone il diritto»: «le nostre leggi» sono frutto di un potere costituente che affonda nel nulla. Ma Kafka mette in dubbio anche la «tradizione popolare» che è seguita dalla «maggioranza del popolo», perché essa «conferisce al popolo di fronte agli avvenimenti futuri una sicurezza falsa, fallace, che induce alla leggerezza» in quanto sostiene che la legge esiste, ma che per riappropriarsene bisogna studiarne la storia, la sua tradizione, fino al giorno in cui sia la tradizione che il suo studio giungeranno a una fine e sarà in quel giorno solamente che tutto si chiarirà e che la legge potrà appartenere al popolo e solo a lui, mentre chi prima la deteneva scomparirà in quanto non avrà più alcun segreto con il quale nutrire la sua autorità. Il più grave problema di questa tradizione tutta orientata *dal futuro* è costituito dal fatto che essa porta il popolo, nel quale si riconosce il narratore, a odiare se stesso: «odiamo noi stessi perché non possiamo ancora essere degni della legge». Per questo alcuni inascoltati saggi dicono che il giorno del giudizio non ci aspetta nel lontano futuro, ma è presente in ogni istante della nostra vita, quando non la riconciliazione ma la «tempesta del perdono»[74] distrugge ogni misfatto.

12.

Entrambe le posizioni evocate da Kafka hanno una loro ragione che spesso si mescolano in diversa misura. Ha ragione il piccolo partito nell'insinuare che le leggi non avendo esistenza sono riconducibili a degli atti di violenza arbitraria, e ha ragione la maggioranza del popolo nel dire che le leggi esistono *in quanto* funzionano e che dunque

[74] W. Benjamin, *Il significato del tempo nel mondo morale* [fr. 71], in Id., *Opere complete VIII Frammenti e paralipomena*, trad. it. di G. Schiavone, Einaudi, Torino, 2014, pp. 93-94.

bisogna studiarle, scoprirne il meccanismo, per poterne espropriare i detentori. Sono, queste due, delle tattiche preziose ma che bisogna comporre in una serie strategica che comprenda nel suo mezzo il gesto destituente.

La tattica del piccolo partito è un primo movimento che constatando l'anarchia del potere ne fa derivare la contestazione puntuale dei suoi atti. È la prima presa di distanza dal mondo delle leggi, la negazione che porta a un antagonismo col potere, è sostanzialmente la tradizione politica dei subalterni. Lo studio delle leggi invece è, come Kafka stesso ha mostrato nella novella di Bucefalo,[75] quello che conviene fare solamente *dopo* la loro destituzione e dissolvimento nella *vita*.[76] E dunque vediamo in cosa consiste l'ipotesi kafkiana in relazione a questo punto mediano ma assolutamente decisivo che è la destituzione. Vi è qualcosa infatti, prosegue il racconto kafkiano, che sia il piccolo partito che la maggioranza del popolo condividono e che impedisce di risolvere definitivamente la questione delle leggi: sebbene il primo neghi la realtà della legge e il secondo creda nel poterne un giorno venire a capo, entrambe riconoscono «pienamente la nobiltà e il suo diritto di esistere». Forse le leggi non esistono o possono cambiare di mano, ma nessuno

[75] F. Kafka, *Il nuovo avvocato*, in Id., *Tutti i racconti*, op. cit., pp. 179.
[76] Si veda G. Agamben, *Stato d'eccezione. Homo sacer*, II, 1, Bollati Boringhieri, Torino, 2003, pp. 81-83.

di queste due posizioni mette in discussione il potere in quanto tale, cioè l'*essenza* che pensiamo di riconoscere *dietro* le azioni dei suoi ministri. In fondo è una posizione che possiamo facilmente ritrovare in quasi tutti i movimenti contestatari. In compenso è vero il contrario poiché, scrive Benjamin, i funzionari e i padri, due tra i principali ministri della legge, sono dei parassiti che non solo consumano le forze dei loro sudditi ma il loro diritto all'esistenza.[77] I nobili cioè possono esistere solo grazie all'espropriazione dell'esistenza del popolo.

È qui in questione una sorta di prova ontologica dell'esistenza del potere: se il potere *è qualcosa* allora continuerà a *essere* anche quando la legge, al termine dell'interpretazione e nel passaggio alla prassi, passerà nelle mani del popolo: è la storia del socialismo reale, di molti marxismi e della loro ossessione per il governo. Ma anche se si nega l'esistenza e dunque la validità della legge, essa non potrà veramente essere destituita fino a che si crederà a un'essenza del potere che si incarnerebbe nell'esistenza di certi individui: è la storia dell'anarchismo storico, della sua paranoia del potere e della sua credenza così occidentale nell'individuo. Dunque, non basta dire che la legge non ha senso e che è un imbroglio, bisogna arrivare ad affermare il non-essere

---

[77] W. Benjamin, *Franz Kafka*, op. cit., p. 278.

del potere e che il vero segreto del governo sta nel fatto che nessuno, anche chi si oppone alla legge, metta in discussione l'esistenza stessa del potere. La verità allora non sta nel fatto che chi governa *è* o *ha* il potere ma che la legge consiste esclusivamente nei loro *atti*, il potere non è altro che un insieme di accidenti che diventano legge. *Ma soprattutto nessuno mette in discussione l'esistenza del potere poiché significherebbe negare la propria esistenza in quanto soggetti:* «noi viviamo sulla lama di questo coltello», annota amaramente il narratore. Detto in altre parole: l'esistenza del potere è anche l'esistenza di tutti e ciascuno in quanto soggetti, se smettiamo di credere all'esistenza dell'uno ciò avrà come conseguenza quella di far cadere anche quella nell'esistenza degli altri ed è questo che costa politicamente ed esistenzialmente davvero molto. Ciò che Kafka, chiudendo il racconto, esprime in questo modo: «Una volta uno scrittore ha riassunto la situazione così: l'unica legge visibile e indubitabile che ci è imposta è la nobiltà, e noi dovremmo forse privarci di quest'unica legge?». La questione delle leggi è la questione del soggetto. In questo senso la rivoluzione è una questione antropologica più che strettamente politica.

13.

La posizione di un nichilismo rivoluzionario potrebbe essere questa: il governo delle leggi non è all'origine di tutto quello che fu e che viene, al contrario, è la macchina che si è costruita come reazione all'anarchia delle forme-di-vita e che appropriandosi della loro potenza le stravolge dando vita a un'anarchia infernale. Per questo, lancia la sfida Kafka, solo un partito che non solo neghi l'esistenza delle leggi ma il quale affermi che *il potere non è* potrebbe vincere la menzogna e «avrebbe subito le adesioni di tutto il popolo». Il vero limite, che noi stessi in quanto soggetti costituiamo, allora sta nel non andare fino in fondo alla negazione, lì dove giace l'affermazione che un tempo fu sepolta sotto gli strati della tradizione. Poiché, se è vero che la *sola e unica* legge è nell'esercizio diffuso del potere, cioè i *soggetti* e le loro *azioni*, come possiamo privarcene con le nostre stesse mani? Pare logico a questo punto insinuare che è solo destituendo noi stessi in tanto che soggetti che potremo accedere alla destituzione del potere, o meglio che le due operazioni in realtà sono una sola. È per questo che Kafka rispondeva ai suoi amici che lo interrogavano sulla possibilità della speranza che essa esiste *ma non per noi*.

Il problema che Kafka ci consegna con questa parabola è nel fatto che coloro che desiderano fare una rivoluzione o che sperano nel futuro, possono ben contestare l'esistenza della legge o studiarne i modi perché finalmente essa possa finire nelle mani del popolo, ma se non arrivano a illuminare la frattura tra preistoria, origine delle leggi e la duplice tradizione che si riflette nel presente, il potere continuerà a sussistere, il diritto rinascerà ancora come strumento di dominio. Quindi la sola maniera per destituire le leggi è negare al potere lo statuto dell'*essere*. Il potere non *è*, il potere *funziona*, è composto da individui che *fanno* delle cose. Non ha alcuna legittimità trascendente né necessità immanente. L'insurrezione destituente è l'insieme delle pratiche profanatorie che destituiscono non un'essenza ma quel fare, è il gesto impersonale che disattiva le opere del potere. La sola politica rivoluzionaria è quella che fa a meno di ogni soggetto e che in tal modo destituisce la politica stessa.

14.

Infine dobbiamo aggirare il problema che Kafka pone con ironia sul partito rivoluzionario: è chiaro che non è possibile costituire *a priori* alcun partito, ma è invece esperienza comune che il partito si costruisca attraverso i gesti rivoluzionari che risuonano tra loro. Il partito non è una sostanza né un soggetto, non una macchina da guerra e nemmeno l'espressione di una volontà. Il nostro partito è composto dalle esperienze, dalle intensità, dagli affetti che si modificano in mezzi materiali, spirituali e guerrieri che man mano si compongono in una forma-di-vita che ha, lei, un valore strategico. La sola avanguardia possibile di questo partito Kafka la riconosce – in un altro racconto dello stesso anno e che pone i medesimi interrogativi[78] – nella classe dei giovani dai diciassette ai vent'anni, perché vede in questi l'assenza di qualsiasi ideologia, pur fosse rivoluzionaria, e la presenza nel loro spirito di una naturale diffidenza per i ministri della legge. Ma anche perché in loro è viva la fiamma dell'amicizia che fa fallire le piccole rivolte ma fa vincere le rivoluzioni, poiché, scriveva il giovane Kafka in una lettera a Max Brod: «Una massa legata da amicizia serve solo nelle rivoluzioni, quando tutti agiscono all'unisono e con semplicità, se però c'è una piccola rivolta sotto la luce diffusa accanto a un tavolo, allora la mandano a monte».[79]

Ma infine, e soprattutto, il partito non dovrebbe mai divenire un'organizzazione che organizza gli altri bensì essere e restare anch'esso simile a una leggenda, una

---

[78] Ci si riferisce a F. Kafka, *La supplica respinta*, in Id., *Tutti i racconti*, op. cit., pp. 325-328.

[79] M. Brod, F. Kafka. *Un altro scrivere. Lettere 1904-1924*, trad. M. Rispoli e L. Zenobi, Neri Pozza Beat, Vicenza, 2007, p. 30.

leggenda che si comunica da bocca a bocca, da cuore a cuore, da corpo a corpo. Solo così il partito rivoluzionario eviterà di divenire uno dei tanti luoghi della legge.

Se adottiamo il punto di vista del partito di Kafka – che è *ciò che resta* tra il piccolo partito e la maggioranza del popolo – coloro che ci governano non hanno alcuna legittimità non tanto perché le loro leggi sono delle menzogne, ma perché lo fanno a partire da un principio vuoto che postula come necessaria l'esistenza delle leggi, in quanto se il potere *è* allora esso *deve* esercitarsi nel solo modo che *può* e cioè nel governare tramite la legge che si esplica come sola relazione possibile tra soggetti. Ma è falso che non esista un fuori del potere ed è falso che possiamo esistere solo in quanto soggetti. Per questo una vera rivoluzione sarebbe solo quella che dichiarasse che non ha vera esistenza nessun potere, né passato né futuro, e che coloro che lo esercitano poggiano non sull'essere ma su di un nulla che si esprime produttivamente nella violenza costituente. Tiqqun nella prima pagina del suo primo numero incise la frase «annientare il nulla», che potrebbe ben essere il motto iscritto sulla bandiera del partito kafkiano. La leggenda di questo partito può solo suggerire come arrivare a compiere questo annientamento, ma non può affermare nulla di certo su cosa e su come sarà *dopo* se non guardandolo dalla preistoria, dal premondo, cioè poeticamente.

Lo slogan che, partito dall'Argentina, da vent'anni percorre il mondo, *¡que se vayan todos y que no quede ninguno!* ("che se ne vadano tutti e non ne resti nessuno!"), non può allora essere inteso come un avviso di licenziamento rivolto all'attuale classe dirigente per poi, inevitabilmente, riformarne un'altra. È un potente verso della leggenda rivoluzionaria che nega al governo e a noi stessi in tanto che parte inclusa produttivamente dentro di esso, la stessa possibilità di *esistere* ed è per questo che quelle parole sono diventate la cifra comune di tutti i movimenti rivoluzionari contemporanei, parole che non devono essere interpretate ma assunte alla lettera: tutti i «nobili» devono andare via e nessuno prenderà il loro posto, non esiste alcuna *necessità* del potere ma solo una ormai decadente tradizione che la postula. Questo è l'orizzonte strategico dentro il quale è possibile pensare la destituzione delle leggi e la distruzione della porta della giustizia, che è un fatto estremamente pratico.

Davanti questo orizzonte comprendiamo la verità, tanto divertente quanto tragica, di uno strano aforisma di Franz Kafka, uno dei più grandi comunisti di tutti i tempi: «Il momento decisivo dell'evoluzione umana è perpetuo. Per questo i movimenti spirituali rivoluzionari, che dichiarano nullo tutto quanto appartenga al passato hanno ragione, perché nulla è ancora accaduto». In questa interruzione del nulla si compie ogni interpretazione e ogni scrittura.

Sobre o autor:

Marcello Tarì é um pesquisador independente, ou, como gosta de se autodenominar, um investigador de "pés descalços" cujos interesses se centram, sobretudo, na compreensão dos movimentos contemporâneos antagonistas. Tarì vive entre a França e a Itália, lugares onde colaborou com um sem número de publicações e revistas, além de compor diferentes lutas dentro da cidade. Fundador da revista italiana *Qui i Ora* [*Aqui e Agora*], Tarì publicou, entre outros, os livros, *Um piano nas barricadas: por uma história da Autonomia, Itália 1970* (2012, primeira edição DeriveApprodi) e *Não existe revolução infeliz: comunismo da destituição* (2017, primeira edição DeriveApprodi; a ser editado no Brasil pela GLAC e n-1 edições).

Sobre o tradutor:

Andityas Soares de Moura Costa Matos é Doutor em Direito e Justiça pela Universidade Federal de Minas Gerais e Doutor em Filosofia pela Universidade de Coimbra. Atua como Professor Associado de Filosofia do Direito e disciplinas afins na Faculdade de Direito e Ciências do Estado da UFMG e é membro do Corpo Permanente do Programa de Pós-Graduação em Direito da mesma instituição. Foi Professor Visitante na Universitat de Barcelona (2015-2016) e na Universidade de Córdoba (2020-2021), bem como Professor Residente no Instituto de Estudos Avançados Transdisciplinares da UFMG (2017-2018). Convidado como palestrante por diversas universidades estrangeiras, tais como a Universitat de Barcelona, a Universitat de Girona e a Universidade de Buenos Aires

© sobinfluencia edições, 2022.

COORDENAÇÃO EDITORIAL
Fabiana Vieira Gibim, Rodrigo Corrêa e Alex Peguinelli

TRADUÇÃO
Andityas Soares de Moura Costa Matos

PREPARAÇÃO
Alex Peguinelli

REVISÃO
Fabiana Gibim

PROJETO GRÁFICO
Rodrigo Corrêa

Dados Internacionais de Catalogação na Publicação (CIP)
de acordo com ISBD

T186p Tarì, Marcello
    O partido de Kafka / Marcello Tarì ; traduzido por Andityas Matos. -
São Paulo : sobinfluencia edições, 2022.
122 p. : 11,5cm x 16,5cm.

    Inclui bibliografia.
    ISBN: 978-65-84744-16-5
1. Política. 2. Filosofia. 3. Revolução. 4. Crítica. 5. Literatura. 5.
Kafka. I. Matos, Andityas. II. Título.

   2022-3869   CDD 320
                                         CDU 32
Elaborado por Vagner Rodolfo da Silva - CRB-8/9410
Índice para catálogo sistemático:

1. Política 320
2. Política 32

---

sobinfluencia.com

Este livro é composto pelas fontes minion pro e
neue haas grotesk display pro e foi impresso pela
Graphium no papel pólen natural 80g, com uma tiragem
de 500 exemplares